PARLONS MAORI

© L'Harmattan, 2007
5-7, rue de l'Ecole polytechnique ; 75005 Paris

http://www.librairieharmattan.com
diffusion.harmattan@wanadoo.fr
harmattan1@wanadoo.fr

ISBN : 978-2-296-02755-8
EAN : 9782296027558

Michel MALHERBE

PARLONS MAORI

L'Harmattan

Parlons…
Collection dirigée par Michel Malherbe

Dernières parutions

Parlons soundanais, Viviane SUKANDA-TESSIER, 2007.
Parlons oromo, Christian BADER, 2006.
Parlons karen, Julien SPIEWAK, 2006.
Parlons ga, Mary Esther DAKUBU, 2006.
Parlons isangu, Daniel Franck IDIATA, 2006.
Parlons kuna, Michel MALHERBE, 2006.
Parlons boulou, Marie-Rose ABOMO-MAURIN, 2006.
Parlons komi, Yves AVRIL, 2006.
Parlons zarma, Sandra BORNAND, 2006.
Parlons citumbuka, P. J. KISHINDO et A. L. LIPENGA, 2006.
Parlons mordve, Ksenija DJORDJEVIC et Jean-Léo LEONARD, 2006.
Parlons lissou, William DESSAINT, Avòunado NGWÂMA, 2006.
Parlons tuvaluan, Michel MALHERBE, 2005.
Parlons kouy, Jacques RONGIER, 2005.
Parlons koulango, Kouakou Appoh Enoc Kra, 2005.
Parlons karatchay-balkar, Saodat DONIYOROVA et Chodiyor DONIYOROV, 2005.
Parlons slovène, Mojca SCHLAMBERGER BREZAR, Vladimir POGACNIK et Gregor PERKO, 2005.
Parlons mashi, Constantin BASHI MURHI-ORHAKUBE, 2005.
Parlons massaï, Grace MESOPIRR SICARD et Michel MALHERBE, 2005.
Parlons vili, Gervais LOËMBE, 2005.
Parlons ciyawo, P. J. KISHINDO et A. L. LIPENGA, 2005.
Parlons afrikaans, Jaco ALANT, 2004.
Parlons Ewé, Jacques RONGIER, 2004.
Parlons bété, Raymond ZOGBO, 2004
Parlons baoulé, Jérémie KOUADIO N'GUESSAN, Kouakou KOUAME, 2004.
Parlons minangkabau, Rusmidar REIBAUD, 2004.
Parlons afar, Mohamed Hassan Kamil, 2004.

Remerciements

L'auteur adresse ses remerciements à Mme Catherine Nicol, de l'ambassade de Nouvelle-Zélande à Paris ainsi qu'au docteur Sinsoilliez dont les conseils lui ont été particulièrement utiles.
Sa reconnaissance est particulièrement vive à l'égard de M. Lee Smith, directeur du Service de traduction à la commission pour la langue maorie et M. Tia Barrett, directeur de la Maori Policy Unit au Ministère des Affaires Etrangères et du Commerce à Wellington, qui ont pris la peine de relire l'ensemble de l'ouvrage et de lui apporter les corrections nécessaires.

En hommage à Suzanne Aubert (1835-1926), religieuse française qui a consacré sa vie aux Maoris, à leur culture et à leur langue.

Publications du même auteur :
Les langages de l'humanité, chez Robert Laffont; collection Bouquins ; édition en italien chez Sugarco.
Les religions de l'humanité chez Critérion en 1992, édition de poche dans la collection Pluriel chez Hachette; édition en polonais chez Znak (Cracovie, 1995); édition en russe chez Roudomino (Moscou, 1997); édition en persan chez Nashr-é-Nay (Téhéran, 2001)
Les musiques de l'humanité, en collaboration avec Amaury Rosa de Poullois, chez Critérion en 1996.
Les philosophies de l'humanité, en collaboration avec Philippe Gaudin, aux éditions de Bartillat en 1999 ; édition en portugais à l'Instituto Piaget, Lisbonne, en 2001.
Répertoire simplifié des langues africaines, aux éditions de l'Harmattan en 2000.
Les cultures de l'humanité, aux éditions du Rocher en 2000
Religions, aux éditions Nathan dans la collection *Repères pratiques* en 2001.
Les lieux à dénominations multiples, aux éditions du Rocher en 2002.
Encyclopédie des religions, aux éditions Fleurus en 2005

Il dirige la collection "*Parlons...*" aux éditions de l'Harmattan. Plus de cent titres ont été publiés, une centaine d'autres sont en préparation. Il est lui-même auteur ou coauteur de *Parlons coréen, Parlons géorgien, Parlons hongrois, Parlons kuna, Parlons massaï, Parlons ourdou, Parlons tetum, Parlons tuvaluan* et *Parlons wolof*.

Carte de Nouvelle Zélande (île du Nord)

Les noms des localités sont en maori et en anglais.

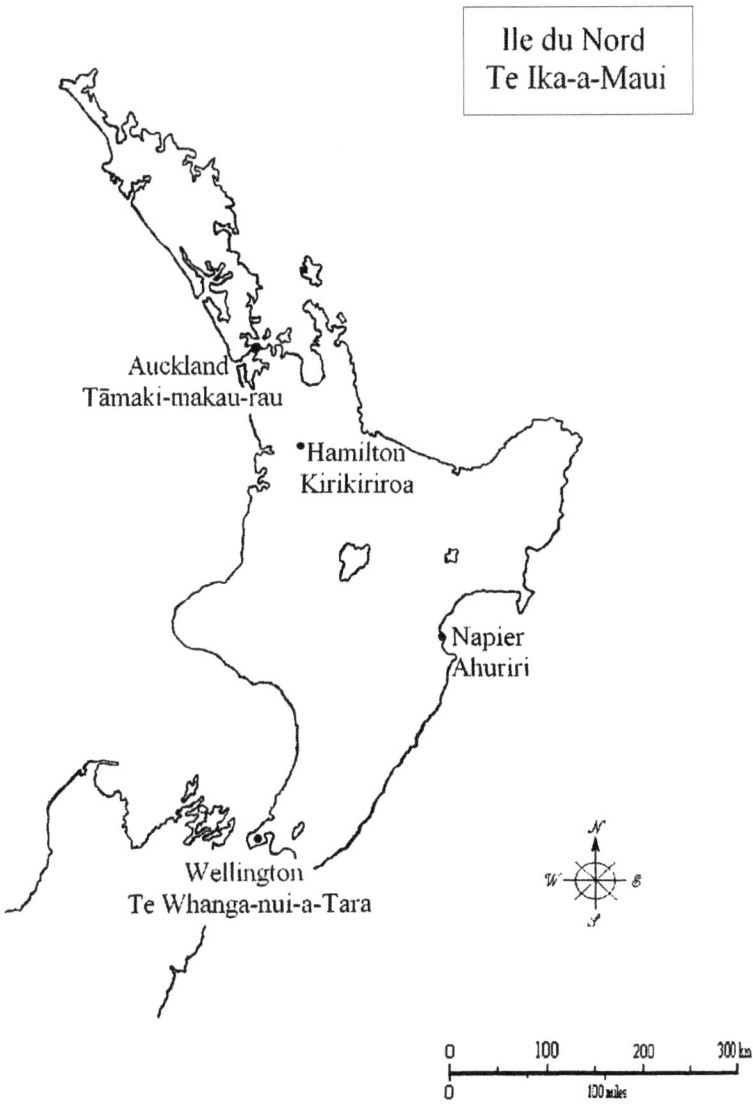

Carte de Nouvelle Zélande (île du Sud)

Les noms des localités sont en maori et en anglais.

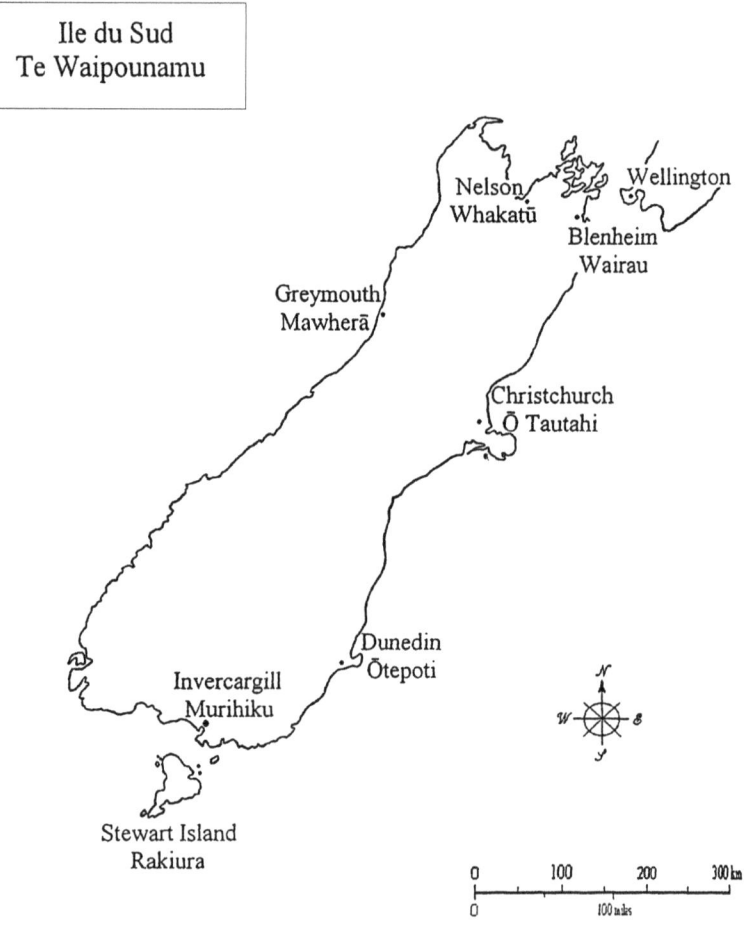

Introduction

	Rappel chronologique
Vers 950	arrivée des Polynésiens dans l'archipel
1642	le navigateur hollandais Abel Tasman découvre la Nouvelle Zélande
1769-1777	exploration par James Cook
1840	traité de Waitangi (6 février, fête nationale)
1860-1870	guerres coloniales dites guerres maories

Un peu d'histoire
Les Polynésiens, dont on dit qu'ils sont originaires du Sud-Est asiatique, ont commencé à peupler les îles du Pacifique dans la dernière partie du premier millénaire de notre ère. On pense que l'occupation de la Nouvelle Zélande s'est effectuée en plusieurs vagues à partir de la Polynésie orientale (dénommée Hawaiki dans la tradition maorie, il s'agit vraisemblablement de Tahiti) entre les années 800 et 1300. Ces populations s'adaptèrent à leur nouvel environnement et devinrent les Maoris, les premiers habitants de ces îles selon toute probabilité. Il est possible que les Polynésiens aient su naviguer jusqu'en Amérique du Sud, la patate douce (kumara), très répandue dans les îles, étant originaire des Andes. Les premiers Européens à avoir rencontré les Maoris furent Abel Tasman et James Cook. A cette époque, les Maoris étaient en guerres inter-tribales perpétuelles.
Dans les années 1830, il y avait quelque 2000 Européens (Pakeha), chasseurs de baleines ou de phoques, prisonniers, bagnards évadés, marchands qui s'étaient intégrés dans les

tribus maories auxquelles ils apportaient des innovations techniques. Certains étaient mercenaires dans les guerres locales. Les Européens apportèrent des armes qui facilitèrent la disparition de certaines tribus (guerre des mousquets) tandis que nombre de Maoris périssaient du fait des maladies apportées par les Européens et contre lesquelles ils n'étaient pas immunisés. A partir de 1830, l'extension des missions chrétiennes amena la Grande-Bretagne à intervenir. En 1835 des chefs maoris signèrent une déclaration d'indépendance qui fut reconnue par le gouvernement britannique. Le 6 février 1840, le capitaine William Hobson fit signer le traité de Waitongi qui cédait la souveraineté du pays à la reine Victoria (du moins dans la version anglaise, la version maorie ne parlant que de la gouvernance du pays). Signé par 530 chefs maoris, le traité garantissait la possession des ressources naturelles aux Maoris et accordait à la population la citoyenneté britannique en échange de cette annexion. Ce traité de Waitangi marque le début de la souveraineté britannique sur le pays. Aujourd'hui, les Maoris sont évalués à 8% de la population totale de la Nouvelle-Zélande, soit 320.000 sur 4.100.000 habitants.

Les explorateurs français en Nouvelle-Zélande
Bon nombre de navigateurs célèbres français ont abordé les côtes de Nouvelle-Zélande entre le XVIIIe et le XIXe siècle.
Surville croise Cook sans le voir en 1769
Marion du Fresne aborde l'île du Nord en 1772 et s'y fait massacrer avec 26 de ses hommes.
D'Entrecasteaux aborde en Nouvelle-Zélande en 1793.
Dumont d'Urville effectue trois voyages en 1824, 1827 et 1840.
Duperrey mène une expédition scientifique en 1826.
Laplace y séjourne en 1831 et Dupetit-Thouars en 1838. Des dizaines de baleiniers français y pêchent à cette époque.

La famille des langues polynésiennes

La parenté très étroite qui unit les langues polynésiennes conduit à penser qu'elles sont issues d'une souche commune, le proto-polynésien. A une date ancienne mal déterminée, cette langue se serait diversifiée en trois branches, le proto-tongien qui a donné le tongien (île Tonga) et le niuean (île de Niuea, à Tuvalu) d'une part, le samoan et le tuvaluan d'autre part, enfin la langue de l'île de Pâques dont seraient parents le hawaïen, le tahitien et les autres langues de Polynésie française (marquisien, paumotu etc.). Le maori se rattache à cette dernière famille.

Voici quelques différences, relativement mineures entre les langues polynésiennes L'arrêt glottal typique du tahitien et du samoan est rendu en maori par l'une des consonnes vélaires (**k, ng**) : *tu* et *chien* se disent respectivement **'oe** et **'uri** en tahitien, **koe** et **kurī** en maori. De même, *ciel* et *nom* se disent **ra'i** et **i'oa** en tahitien, rendus par **rangi** et **ingoa** en maori. Nous constaterons des phénomènes analogues qui distinguent le maori de sa forme dialectale parlée dans l'île du Sud et sur la côte occidentale de l'île du Nord..

Les conventions orthographiques rendent parfois moins évidente la parenté entre langues polynésiennes, surtout le **wh** du maori, pratiquement prononcé *f* : par exemple, le mot signifiant *maison* est pratiquement identique dans toutes ces langues mais il s'écrira **whare** en maori, **fare** en tahitien et **fale** en samoan.

Plus lointainement, les langues polynésiennes sont apparentées aux langues de la famille indonésienne. Les similitudes de vocabulaires sont nombreuses, au moins pour le regard aiguisé des linguistes. Par exemple :

année se dit **tahun** en indonésien et **tau** en maori
fruit se dit **buah** en indonésien et **hua** en maori
œil se dit **mata** dans les deux langues
oreille se dit **telinga** en indonésien et **taringa** en maori
poisson se dit **ika** dans les deux langues
route se dit **jalan** en indonésien et **ara** en maori
manger et *boire* se disent **makan** et **minum** en indonésien, **kai** et **inu** en maori
les noms de nombres sont manifestement parents etc.

De plus, sur le plan grammatical, les langues des deux familles connaissent les pronoms inclusifs et exclusifs ; les verbes, toujours invariables, marquent les temps grâce à des mots auxiliaires etc.

Quelques informations concernant le maori

On estime que le maori est parlé en Nouvelle-Zélande depuis environ un millénaire. Le maori est la langue polynésienne la plus importante numériquement ; elle est celle de la population aborigène de Nouvelle-Zélande, soit environ 300.000 personnes qui vivent pour 90% d'entre eux dans l'île du Nord et 80% en zone urbaine. Selon un recensement de 1996, 150.000 d'entre elles parlent le maori quotidiennement, à la maison ou à l'école primaire.

On estime que le nombre de locuteurs de maori doublera dans les cinquante années à venir, à la fois pour des raisons d'accroissement démographique et aussi du fait que la promotion de la langue est désormais très active. Elle s'emploie aussi bien à l'école que dans la vie professionnelle ou sur Internet. Le maori est assez proche du tahitien (parlé en Polynésie Française) et du samoan (parlé aux îles Samoa, ainsi qu'à Wallis-et-Futuna). Le maori est langue officielle aux côtés de l'anglais depuis 1987.

Histoire de la langue en Nouvelle-Zélande

Avant 1840, date du traité de Waitangi, la Nouvelle Zélande (**Aoteroa**) parle maori ; les Européens l'apprennent pour commercer et les missionnaires évangélisent en maori. Dans les années 1820 – 1840, la langue commence à être transcrite en lettres latines.

1842, première publication en langue maori
Vers 1850, la population d'origine européenne surpasse celle des Maoris. Le maori devient langue minoritaire.
1858, le premier recensement de population indique que les Maoris sont au nombre de 56.049
1867, le *Native Schools Act* décrète l'anglais comme langue unique de l'enseignement des enfants maoris. Ces mesures se durcissent par la suite. Dans les années 1870, après les guerres de Nouvelle Zélande, le pays est divisé en deux zones, Pākehā (Blancs) et Māori, le maori étant majoritaire dans sa zone. Vingt ans après, vers 1890, de nombreux journaux en maori paraissent, quoique, vers cette date, le nombre de Maoris recensés atteint son minimum, à peine plus de 40.000.
1896, un nouveau recensement donne une population de 42.113 Maoris.
1913, on évalue à 90% le pourcentage de Maoris parlant leur langue.
Dans les années 1920, Āpirana Ngata fait campagne pour promouvoir la langue maori, sans exclure l'enseignement de l'anglais. Les Maoris commencent à vivre en ville où ils parlent anglais.
1951, le recensement donne 134.097 Maoris
1987, le maori obtient le statut de langue officielle en Nouvelle Zélande aux côtés de l'anglais.
1997, les étudiants en maori se comptent en dizaines de milliers. On compte trois universités maories. Une chaine de télévision en maori voit le jour en 1998, subventionnée par le gouvernement.
2001, le nombre de locuteurs de maori est estimé à 136.700.
2003, tenue d'un forum sur les langues polynésiennes (**Te Reo i te Whenua Tipu**) à Wellington

Première partie
Description de la langue

Phonétique

Le maori a une phonétique très simple. On n'y compte que 9 consonnes : 3 occlusives sourdes (**p**, **t**, **k**) et les 3 nasales correspondantes (**m**, **n**, **ng**), ainsi qu'une liquide (**r**), une fricative glottale (**h**) et la semi-voyelle (**w**). A noter que **ng** et **wh** sont considérés comme des lettres et font l'objet d'une entrée distincte de **n** et **w** dans les dictionnaires. La graphie **wh**, qui semble assez curieuse, peut s'expliquer par le fait que ce son se prononce *w* dans certaines régions et *h* dans d'autres. Le plus souvent il se prononce *f* : on écrira, par exemple, **Āwherika** pour *Afrique*)
En ce qui concerne les voyelles, le maori n'en a que cinq : **a**, **e** (prononcé *ê*), **i**, **o**, **u** (prononcé *ou*], mais il distingue très nettement les voyelles brèves des voyelles longues (rendues par un trait au-dessus de la voyelle (**ā**, **ē**, **ī**, **ō**, **ū**) ou, dans certaines publications, par le redoublement de celle-ci (**aa**, **ee**, **ii**, **oo**, **uu**). Dans ce livre, on emploie le trait supérieur (appelé macron en anglais), mais dans certains mots composés se rencontrent un **a** final et un **a** initial qui subsistent dans l'écriture mais leur prononciation équivaut à un **a** long. Ainsi le mot **whakaahua**, *dessin*, comporte-t-il quatre syllabes : **wha-ka-a-hua**, cependant, dans la langue parlée, les deux **a** successifs se prononcent comme un **a** long (**ā**).

Les particularités du maori
Le maori n'est pas une langue très difficile. Il présente toutefois des originalités susceptibles de dérouter un habitué des langues européennes. Cela concerne surtout la signification des mots (leur champ sémantique), l'emploi d'un grand nombre de particules et l'ordre des mots dans la phrase.

Le champ sémantique

L'une des particularités du maori qui risque de surprendre réside dans le fait que la signification des mots en maori couvre un champ souvent bien plus large que dans les langues occidentales.

Au lieu de former, comme en français, des mots abstraits avec des racines gréco-latines, le maori s'appuie sur des analogies très concrètes : **hiku**, *queue de poisson*, signifie aussi *suffixe*.

Le mot **tara** signifie aussi bien *aileron* (de requin) que *dent* (de scie) ou *épine*, bref, tout ce qui fait saillie ; **makaurangi** désigne aussi bien une *spirale* qu'une *empreinte digitale*. Le mot **hihi** s'emploie aussi bien pour les *rayons du soleil* que les *tentacules d'une pieuvre*, vraisemblablement à cause de leur forme en forme de rayon autour du corps de l'animal.

De plus, les associations d'idées conduisent à des emplois souvent inattendus : le mot **ihupuku** qui signifie *frugal* est employé pour désigner la classe économique dans les avions. Tout aussi amusant, le mot **utu**, signifiant *prix, paiement*, avait originellement le sens de *vengeance*, et s'appliquait au prix à payer pour laver un affront.

Les particules

Nous verrons plus loin que le maori dispose d'un jeu de particules en quantité impressionnante. Elles interviennent à tout moment, principalement pour marquer le temps ou l'aspect des verbes.

L'ordre des mots dans la phrase

Notons d'abord que l'adjectif suit toujours le nom auquel il se rapporte. Il en est de même de l'adverbe, à l'exception de certains d'entre eux, comme **tino**, *très*, qui le précède. En revanche, l'ordre des mots dans la phrase constitue ce qui est le plus original pour un francophone. Nous verrons bientôt que le verbe, toujours invariable, est généralement placé en tête de phrase, mais après une particule qui, entre autres, marque le temps du verbe. Par exemple, dans la phrase : **ka tangi, te tamaiti**, *l'enfant pleure* la particule **ka** du présent précède le verbe invariable **tangi**, *pleurer*, et le sujet **te tamaiti**, *l'enfant*, suit le verbe.

Souvent, si l'on peut s'en passer, la phrase maori ne comporte pas de verbe. Par exemple, pour dire : *voulez-vous un verre ?* on se contentera de dire **he inu māu**, soit, mot à mot : *un boire pour vous*.

D'ailleurs, il n'existe pas, à proprement parler, de mot traduisant les verbes français *avoir* ou *être*. On peut simplement rendre le verbe *être* en juxtaposant le nom et l'attribut :
he āporo tēnei　　*c'est une pomme* (une pomme ceci)
he taonga te reo　　*la langue est un trésor* (un trésor, la langue).
tēnei au　　*je suis ici* (ici, je)
Une particule, **ko**, est un présentatif : placée en début de phrase, elle rend sensiblement le français *voici...* Exemple : **ko te awa nui**, *c'est la grande rivière*.

Le nom et l'article

Les noms sont précédés d'un article défini qui marque le singulier ou le pluriel. L'article singulier défini est **te**, l'article défini pluriel est **ngā** ; **te** peut s'employer avec un pluriel s'il s'agit du sens général : **te manu** *l'oiseau* ou *les oiseaux* (en général). L'article indéfini, identique au singulier et au pluriel, est **he**, *un, une, des, quelques*. Il existe un autre article (du moins peut-on l'appeler ainsi par analogie) qui est spécifique des noms propres (noms de personnes, noms de lieux, noms de mois, objets personnifiés etc.). Il s'agit de **a** : **a Pita**, *Pierre* (le Pierre)
On doit l'employer quand le nom propre est en position de sujet de la phrase ou après les quatre prépositions **ki**, **i**, **kei** et **hei** (voir plus loin).
Sept mots liés à la parenté forment leur pluriel par simple allongement de la première voyelle sur le modèle de **wahine**, *femme* qui devient **wāhine**, *femmes*. Ce sont : **matua**, *parent* ; **tangata**, *personne* ; **teina**, *cadet* (frère ou sœur) ; **tuahine**, *sœur* ; **tuakana**, *aîné* (frère ou sœur) et **tupuna**, *ancêtre*.
Indiquons qu'il peut y avoir des pluriels exceptionnels comme celui du mot **ngahere**, *forêt*, dont le pluriel, **ngāherehere**, combine un redoublement et un allongement de voyelle. Ce pluriel a plutôt un sens de collectif : *l'ensemble des forêts*. Le mot **tamaiti** signifiant *enfant* également fait exception puisque son pluriel est **tamariki**.

On peut former des noms abstraits en plaçant l'article devant un adjectif : **pai**, *bon*, donne **te pai**, *le bien*, ce qui est bon. D'autre part, la distinction entre noms et verbes est souvent floue : **kai**

signifie aussi bien *manger* que *le manger*, c'est à dire *la nourriture*.
Pour appeler quelqu'un ou invoquer quelque chose (vocatif), on fait précéder le nom de la particule **e** : **e te rā**, *ô soleil* !

L'adjectif
L'adjectif épithète se place après le nom :
petit arbre se dit **rākau iti**
Du fait de l'absence du verbe *être*, l'adjectif attribut ne se traite pas comme en français. Comme nous venons de le voir, le maori procède par juxtaposition selon le modèle : **he kita, tēnā kitanga**, *cette coutume est juste*, (mot à mot : *un juste, cette coutume*, où **he** n'a pas vraiment une fonction d'article mais d'introduction de l'adjectif.

Pluriel des adjectifs
Normalement, les adjectifs, comme les noms, n'ont pas de pluriel. Cependant, quelques rares adjectifs forment leur pluriel en redoublant la première syllabe : **nui**, grand, donne **nunui** (grands) ; **kino**, *mauvais*, donne **kikino** ; **pai**, *bon*, donne **papai** ; **poto**, *court* donne **popoto** ; **rahi**, *gros* donne **rarahi** ; **riki**, *petit* donne **ririki** et **roa**, *long*, donne **roroa**.
Par exemple, on dira, pour le pluriel de *la grande maison* (**te whare nui**) : **ngā whare nunui**, *les grandes maisons*

Comparatif et superlatif
Pour former le comparatif de supériorité, on place après l'adjectif les mots **iho** ou **ake**, *plus*.
Exemple : **raro iho**, *plus bas* ; **pai ake**, *mieux* ; **runga ake**, *plus haut*. Logiquement, **iti iho**, *plus petit*, signifie *moins*.
On peut aussi faire appel à une construction avec **atu** comme dans la phrase : **pai atu tēnei i tēnā** *ceci est mieux que cela*. On constate que la préposition **i** a ici le sens de *en comparaison avec*.
Le superlatif absolu emploie un adverbe tel que **rawa atu**, *très*, placé après l'adjectif : **roa rawa atu**, *très long*.

Le complément du nom

Souvent appelé génitif, le complément du nom est, en général, introduit par une préposition qui correspond à *de* en français. Cette préposition est **a** ou **o** mais elle peut se combiner avec l'article défini **te** pour donner les prépositions **tā** ou **tō**. En outre, des prépositions plus spécifiques du possessif, **nā** ou **nō**, sont aussi fréquemment employées. La différenciation entre les prépositions en **a** et celles en **o** relève de règles qui font l'objet d'un encadré (page 25).

Exemples :
te waiata a te tamaiti, *le chant de l'enfant* où les mots sont dans le même ordre qu'en français. On peut aussi dire, en inversant l'ordre, **tā te tamaiti waiata**, ce qui peut s'interpréter comme une tournure du type *de-le enfant chant*.

Les pronoms personnels

Le maori, comme les autres langues polynésiennes, dispose d'une série très complète de pronoms personnels. Il en compte davantage que le français car il distingue le duel (quand il y a deux personnes) du pluriel qui s'emploie si les interlocuteurs sont plus de deux. De plus, le maori, comme également les langues indonésiennes, distingue le *nous* inclusif du *nous* exclusif. Voici la série des pronoms personnels.

Pronoms personnels du singulier :
1ère personne (*je*)	**au / ahau**
2ème personne (*tu*)	**koe**
3ème personne (*il / elle*)	**ia**

Notons que **au** peut devenir **wau** après un mot terminé par **o** ou **u**.

Pronoms personnels du duel (deux personnes) :
1ère personne (*nous*)	**tāua** (inclusif) / **māua** (exclusif)
2ème personne (*vous*)	**kōrua**
3ème personne (*ils / elles*)	**rāua**

Pronoms personnels pluriel (plus de 2 personnes) :
1ère personne   **tātou** (inclusif)   **mātou** (exclusif)
2ème personne   **koutou**
3ème personne   **rātau / rātou**

Les possessifs
Les adjectifs possessifs
La seule difficulté réside dans l'existence de deux séries des possessifs, l'une avec la voyelle **a**, l'autre avec la voyelle **o**. On emploie la série en **a** ou la série en **o** en fonction de règles complexes présentées dans un encadré ci-après. Comme en français et contrairement à l'anglais, le maori différencie les possessifs selon qu'il y a un ou plusieurs possesseurs et un ou plusieurs objets possédés (en anglais, on emploie *my* que l'objet possédé soit au singulier ou au pluriel : *my hat, mon chapeau* ou *my hats, mes chapeaux*).
Les possessifs correspondant à un seul possesseur sont :
taku / tōku   *mon / ma* (1ère personne)
tāu / tōu   *ton / ta* (2ème personne)
tāna / tōna   *son / sa* (3ème personne)

Au pluriel, ils deviennent :
āku / ōku   *mes*
āu / ōu   *tes*
āna / ōna   *ses*

Avec la série des possessifs qui ne distinguent pas les formes en **a** de celles en **o**, on a :
taku   *mon / ma*
tō   *ton / ta*
tana   *son / sa*
dont les pluriels sont les suivants (disparition du **t** initial) :
aku   *mes*
ō   *tes*
ana   *ses*

Pour les possessifs qui sont relatifs à plusieurs possesseurs, ils sont formés grâce à la préposition du génitif (du complément de nom)

Entre o et a, comment choisir?
L'une des particularités du maori est de modifier la voyelle, **a** ou **o**, des prépositions **nā / nō** et **mā / mō** ou des possessifs en fonction de la personne ou de l'objet auquel ils se rapportent. Par exemple, le possessif qui traduit le français *mon* (*ma* ou *mes*) peut être, en maori, **tāku** ou **tōku** en fonction de règles assez subtiles que voici : On emploie **a** pour le mari, la femme, les enfants, les petits-enfants, les objets mobiles et portables comme les outils, la nourriture, les animaux domestiques (sauf les chevaux) ainsi qu'après les verbes transitifs.

En revanche, **o** s'emploie dans les autres cas, plus précisément : les parents et les autres personnes, la maison, les bateaux et les moyens de transport (dont les chevaux), les noms, les qualités, les parties d'un tout, la nourriture, l'eau à boire, les médicaments, les vêtements, les sentiments, les organisations auxquelles on appartient, ainsi qu'après les verbes intransitifs. Pour esssayer de trouver une raison au choix de **ā** ou de **ō**, on a pu dire que la série en **ā** concerne surtout des noms de personnes ou objets dont on a, en quelque sorte, hérité, dont on n'est pas responsable, alors que la série en **ō** concerne ce que l'on a produit ou ce dont on est responsable. Cette explication manque de netteté.

Exemples avec le possessif **tāku / tōku** :
tōku whare   *ma maison*
tāku kai   *ma nourriture*
tōu waha   *ta bouche*
ōu kanohi   *tes yeux*

D'une façon semblable, ces règles s'appliquent quand le possessif est associé avec une préposition comme **nā / nō** (qui introduit le complément du nom : *de*) ou **mā / mō** (préposition du datif : *pour*). Ces prépositions se joignent aux pronoms personnels singuliers et forment les mots :
nāku, *de moi, mien*
nōu, *de toi, tien* etc.

Avec les pronoms personnels pluriels, les prépositions restent séparées :
nō mātou te whare *la maison est la nôtre*
na māua te tamaiti *l'enfant est le nôtre*
(la maison exige le **o** et l'enfant le **a**)

> **nōu tēnā pōtae**, *c'est ton chapeau* (mot-à-mot : *de-toi ce chapeau*); **nāu ēnei kai**, *c'est ta nourriture* (**kai** est un pluriel, on emploie **ēnei** et non **tēnei**)
> on constate que **nōu** (*de toi*) s'emploie avec le mot *chapeau* tandis que **nāu** (*de toi*) s'emploie avec *nourriture*.
> Exemples avec la préposition **mā** / **mō** signifiant *pour* :
> **mōu ēnei kākahu**, *ces vêtements sont pour toi* (mot-à-mot : *pour-toi ces vêtements*); **māu ēnei kai**, *cette nourriture est pour toi*.
> Il faut noter que le jeu du **a** et du **o** permet de distinguer :
> **te pukapuka o Hopa**, *le livre de Job* (où l'on parle de Job) de
> **te pukapuka a Rāniera**, *le livre de Daniel* (dont Daniel est l'auteur).

Les pronoms possessifs

Il n'existe pas, à proprement parler, de pronoms possessifs en maori. Pour les exprimer, on emploie la préposition du complément de nom (*de*) **nā** / **no** :
na māua / no mātou   *le nôtre* (littéralement : *de nous*)
Pour les possessifs singuliers, la préposition se combine avec le pronom :

nāku / nōku	*le mien* (**na** / **no** + le pronom)
nāhau / nāu	*le tien*
nāna / nōna	*le sien*
nā tātau / nō tātau	*le nôtre*
nā mātou / nō mātou	*le vôtre*
nā rātou / nō rātou	*le leur*

Les prépositions

En maori, il existe des prépositions simples à usages multiples et des prépositions composées plus précises. Les prépositions simples sont :
a / o   nā / nō   mā / mō   i   kei   hei   me   ko   ki

Comme nous l'avons vu à propos du complément du nom, **a** et **o** traduisent le *de* français. Il en est de même de **nā** / **nō**. Le choix entre les voyelles **a** et **o** relève des règles que nous présentons dans l'encadré ci-dessus.

La préposition **ā** (avec un **ā** long) a divers sens tels que *jusqu'à* ou *comme* dans les exemples :
e noho ā pō, *reste jusqu'à la nuit.*
whāwhai ā maia, *combats comme un guerrier*
Pour sa part, la préposition **o** peut avoir le sens de *à partir de* (qu'il s'agisse du temps ou du lieu) comme dans l'exemple :
te tangata o Rakiura, *l'homme de l'île Stewart*
Ajoutons cependant que la préposition **nō** peut avoir, outre sa fonction d'introduire un complément de nom, celle d'indiquer une date. Elle est alors associée à **te** :
nō te ahiahi, *hier*
nō te pō noa atu, *la nuit précédente*
nō te tau rua mano, *en l'an 2000*

Le couple de prépositions **mā / mō** se traduit le plus souvent par *pour*. Ces prépositions se combinent avec les pronoms personnels singuliers pour donner, par exemple : **māku**, *pour moi* ; **mōna**, *pour lui*. En revanche, au duel ou au pluriel, la préposition est séparée et on dira, par exemple : **mā rātou**, *pour eux*.
La préposition **mā** peut parfois se traduire *par* comme dans les expressions : **mā te kaha**, *par la force* ou **mā tēnei ara**, *par ce chemin*.
Pour sa part, dans certains cas, la préposition **mō** traduit *concernant* : **he kōrero mō Turi**, *une histoire concernant Turi*. Elle peut aussi apparaître avant un mot exprimant le temps pour préciser qu'il s'agit du futur : **mō āpōpō**, *demain* (comme on dirait en français : *pour demain*).

i introduit le complément d'objet direct ou indirect, sans idée de mouvement. Voici quelques exemples
- cas de verbes transitifs :
ka kite koe i tangata, *tu as vu un homme*
ka inu te tamaiti i te rongoā, *l'enfant a bu le médicament*
e whāngai ana ia i tāna kurī, *il nourrit son chien*

- cas de verbes intransitifs :
i traduit alors *par* ou *à cause de* et indique l'agent :
e kore ahau e haere i te wehi, *je n'y vais pas par peur*
(mot à mot : *pas je aller par la peur*).

ka ora te tamaiti i te rongoā, *l'enfant s'est rétabli grâce au médicament* (mot à mot : *est en bonne santé / l'enfant / par le médicament*)
Il ne faut pas confondre cette fonction de **i** avec celle d'une particule précédant un verbe ; dans ce cas, **i** marque le passé comme nous le verrons dans le chapitre sur les verbes. Cependant, la préposition **i** peut aussi introduire un complément de temps dans le passé : **i taua wā**, *à cette époque, dans ce temps-là* (déjà mentionné).

La préposition **kei** a diverses traductions possibles (*à, dans* etc.). Elle est souvent le premier élément d'une préposition composée comme **kei raro**, *sous* ou **kei runga**, *sur*. Employée seule, elle indique une localisation dans l'espace ou le temps et s'applique à un présent, contrairement à **hei** qui joue le même rôle mais pour un futur.
Exemples :
kei te whare karakia te tamaiti, *l'enfant est à l'église*
hei te whare karakia te tamaiti, *l'enfant sera à l'église*
Dialectalement, dans le centre de l'île du Nord et sur la côte orientale, **hei** et **kei** deviennent **hai** et **kai**.
Rappelons que, pour le passé, on emploie la préposition **i** :
i te whare karakia te tamaiti, *l'enfant était à l'église*

Les trois prépositions **i**, **kei** et **hei**, employées avec un pronom ou un nom propre, exigent l'article **a** devant ce nom ou ce pronom.

me, dont le sens principal est *et*, signifie aussi *avec* et *comme* ; il peut alors être considéré comme une préposition : **me he manu**, *comme un oiseau*

La particule **ko**, dont nous avons vu qu'elle sert à présenter le mot en début de phrase (*voici*) est aussi une préposition qui a le sens de *vers, en direction de* ou qui introduit une idée de futur.
Exemple : **ko Pōneke te hui**, *la réunion aura lieu à Wellington* (mot-à-mot : *à-futur / Wellington / la / réunion*)

La préposition **ki** a une fonction très générale. Elle peut introduire aussi bien un complément direct d'un verbe transitif qu'un complément indirect. Par exemple :

whakarongo ake au ki te tangi a te manu, *j'entends le cri d'un oiseau* (en français, *cri* est un complément direct)
ka hoki a Pita ki te kāinga, *Pierre retournera au village*
dans ce cas, **ki** marque la direction et équivaut au français *à* (avec mouvement), *vers*.
ui mai ki a au, *demande-moi*.
Dans cette phrase, **ki** introduit un datif (*demande à moi*). Rappelons que l'article **a** des noms de personnes s'impose après **ki**, même pour un pronom personnel comme **au**, *moi*.. On voit également que le verbe **ui**, *demander*, exige la particule **mai** qui indique dans quelle direction l'action se fait (vers moi, en l'occurrence).
Rappelons cependant que l'usage de la préposition **ki** ne s'impose pas pour tous les compléments d'objet direct. Seul l'usage permet de connaître quels verbes exigent une préposition. Dans la phrase : **whakahokia te ipu**, *rends le verre*, par exemple, le complément direct est traité comme en français, sans préposition.

Des noms sont employés pour former des expressions équivalentes aux autres prépositions du français. Ainsi **runga**, *sommet*, forme *au-dessus de* : **kei runga i te awa**, *au-dessus de la rivière*. Les autres mots qui forment de telles expressions sont :

mua	*front / avant*
muri	*derrière / plus tard*
raro	*fond / en-dessous*
roto	*à l'intérieur*
runga	*sommet / au-dessus*
tahaki	*à côté*
tai	*vers la mer*
uta	*vers les terres* (inland)
waenganui	*milieu*
waho	*à l'extérieur*

Par exemple :
ki roto   *vers l'intérieur*
i mua o te ua   *avant la pluie*
kei waho te kurī i te whare, *le chien est en dehors de la maison*.
Dans ce dernier exemple, remarquez la construction très originale du mot à mot : dans / dehors / le / chien / particule / la / maison.

Dans ce dernier exemple, remarquez la construction très originale du mot à mot : dans / dehors / le / chien / particule / la / maison.

Souvenons-nous que les mots qui forment des prépositions composées ont aussi une valeur de nom. Ainsi **mua** signifie-t-il simplement *le passé*, comme dans l'expression :
ngā wā o mua *les temps du passé*

Les démonstratifs
Le maori distingue trois sortes de démonstratifs :
nei *celui-ci*, proche de celui qui parle
nā proche de celui à qui l'on parle
rā *celui-là*, loin des deux interlocuteurs
Tous sont placés après le nom (**te pune nei**, *cette cuillère*)
En ajoutant l'article **te**, on obtient des démonstratifs qui, eux, se placent avant le nom. Cependant, le **e** de **te** s'allonge :
tēnei, tēnā, tērā
Leurs pluriels sont formés par disparition du **t** initial :
ēnei, ēnā, ērā

L'énoncé simple
Une phrase en maori peut se limiter à des noms : **tō ringa ki runga**, mot à mot *ta main sur le haut*, c'est à dire *mets ta main sur la tête*.
Bien plus habituellement que les expressions françaises *c'est...* ou *voici...*, le maori emploie la particule **ko**, toujours placée en début de phrase. Par exemple :
ko te nohoanga mangu, *c'est la chaise noire*
ko ngā nohoanga mangu, *ce sont les chaises noires*
Il faut rappeler que **ko** est aussi une préposition qui a le sens de *vers, en direction de*. C'est aussi un mot qui signifie *au-delà, loin*.

Rappelons que les particules **kei** et **i**, qui sont aussi des prépositions, peuvent aussi introduire des énoncés simples, tout en marquant le temps de la phrase : **kei** introduit un présent et **i** un passé.
Par exemple, comparez :

Le verbe
Les caractéristiques les plus notables du verbe en maori sont les suivantes :
- les verbes ne marquent ni les personnes, ni le nombre, ni le genre. En maori, la notion de verbe n'est d'ailleurs pas exactement celle du français. Il arrive que le maori emploie un nom là où le français préfère une forme verbale. Ainsi, *pour travailler* se dira en maori **mo te mahi**, soit, littéralement, *pour le travail*. En fait les mots *travail* et *travailler* se traduisent tous deux par **mahi**. On reconnaît qu'il s'agit d'un nom à la présence de l'article (**te**).
- le verbe seul exprime l'impératif. Les temps et autres formes verbales sont marqués par des particules auxiliaires placées avant le verbe. Par exemple : **kua** marque le parfait (surtout dans le cas d'une action récemment achevée) et l'impératif négatif se marque par la particule **kei**.
- il existe des formes dérivées, causatif et passif, marquées par des préfixes ou des suffixes. Le préfixe **whaka-** forme des verbes causatifs. Il suffit de se reporter au lexique pour constater qu'ils sont extrêmement nombreux. Par exemple, **whakamāori**, *faire maori*, c'est à dire *traduire en maori*. Attention, **whaka-** peut aussi former des mots composés avec les prépositions auxquelles il donne le sens de *en direction de*. Par exemple **whaka-mua**, *vers l'avant* ; **whaka-runga**, *vers le haut*. On peut dire que le maori pense quelque chose comme *faire l'avant* ou *faire le haut*.
Le passif se marque par un suffixe, comme nous le verrons un peu plus loin.
Nous allons reprendre, une par une, ces caractéristiques.

Les temps et les modes : les particules verbales
Comme les verbes sont invariables, les temps et les modes sont marqués par différentes particules verbales, placées en tête de phrase, avant le verbe. Ces particules sont :
e i ina (ou **ana**) **ka kei kia kua**
La particule **e** peut introduire un présent ou un futur, jamais un passé :
e waiata te wahine   *la femme chante* (ou *chantera*)

La particule **i** est celle de l'accompli (action achevée, toujours dans le passé) et marque aussi la « position » dans le passé :

i pai   *c'était bien*
i waiata te wahine   *la femme a chanté*
i te whare-nui te tangata   *l'homme était dans la grande maison*

La particule du présent (ou parfois du futur) est **e**, **ka** ou **kei**. La particule **ka** apporte l'idée du commencement de l'action :
ka tangi te tamaiti   *l'enfant pleure*
ka hoki a Pita ki te kāinga   *Pierre retournera au village*
ka mate te tamaiti   *l'enfant meurt* (est en train de mourir)

La particule du futur est **hei** ou **ka** :
hei waiata te wahine   *la femme chantera*
hei marque aussi la « position » dans le futur : **hei te whare-nui...**

A noter que la prononciation de **ka** est longue si le reste de la phrase a moins de deux voyelles, courte dans le cas contraire, le plus général.

Il existe un présent continu (action en cours dans le présent) qui encadre le verbe par la double particule **e....ana** :
e waiata ana te wahine   *la femme est en train de chanter*

La particule **kua** introduit une proposition dont l'action est achevée, mais généralement dans un passé récent :
kua mate te tangata, *l'homme est mort* (il vient de mourir)
kua pai, *c'est bien* (on est satisfait du résultat)

Une tournure particulière : le passé avec na...i

Les propositions au passé emploient assez fréquemment une tournure qui fait appel à la particule composée **na...i** qui, contrairement aux particules verbales, se place de part et d'autre du sujet, en tête de phrase.
Exemple :
nā Pita i pupuhi he pārera, *Pierre a tiré un canard*.
où le temps n'est pas marqué par le verbe.
Remarquons qu'avec cette particule composée les noms propres ne prennent pas l'article **a**.

La particule **ina** introduit une condition ou une subordonnée de temps. On rencontre aussi la variante **ana**. Elle se traduit par *si* ou *quand*.

L'impératif
Si le verbe comporte plus de deux syllabes, le radical verbal seul donne l'impératif : **haere**, *va* ; **tangohia**, *prends* ; **titiro**, *regarde*.
Si le verbe compte deux syllabes ou moins, l'impératif est précédé de e : **e huri**, *tourne* ; **e noho**, *reste*.
On trouve aussi un impératif qui comporte une expression de politesse et insiste sur la nécessité de faire l'action ; il est introduit par la particule **me** :
me tatari koutou, *attendez* (pluriel), *vous devez attendre*.
me haere tātou ! *allons* !
Quand l'impératif exprime seulement un souhait, la particule est **kia** :
kia mau ki te māoritanga, *soyez attachés à la culture maori*

Le conditionnel
Les propositions conditionnelles sont introduites par **me** qui, dans ce cas, signifie *si*.
Exemples :
me ka mahi au   *si je travaille.*
me kua oti ō mahi   *si ton travail est fini*

Propositions négatives
Elles sont introduites, selon le temps ou le mode du verbe, par l'une des particules, simples ou composées, suivantes :
ehara / kāhore...anō / e kore...e / kīhai... i.
Voici la façon dont elles sont employées (on remarque que l'ordre des mots de la phrase change quand elle devient négative) :
Les phrases introduites par **ka** (particule du présent ou du futur) ont une forme négative employant **kīhai... i.** ou **e kore...e** selon le temps :
e kore ahau e mōhio, *je ne sais pas*
Au parfait, on emploie **kāhore...anō**, notamment pour les phrases introduites par **kia**:
kia mate te tangata, *l'homme est mort*, donnera **kāhore anō te tangata kia mate**, *l'homme n'est pas mort*.

Au passé :
nous sommes allés	**i haere mātou**
nous ne sommes pas allés	**kīhai mātou i haere**
on a répondu à ma lettre	**i whakautua tāku reta**
on n'a pas répondu à ma lettre	**kīhai tāku reta i whakautua**

Au futur négatif, on emploie **e kore…e** ou **kore** :
e haere au āpōpō, *j'irai demain*
e kore au e haere āpōpō, *je n'irai pas demain*
e whakautu au, *je répondrai*
kāore au e whakautu, *je ne répondrai pas*
Dans les propositions conditionnelles négatives, on emploie **kore…e** : **me ka kore au e mahi,** *si je ne travaille pas*

Pour former l'impératif négatif, la particule à employer est **kei** ou **kaua** :
kaua e haere   *ne va pas* !
kaua e noho   *ne t'assied pas* !
kaua e kuru pōhatu   *ne lance pas de pierre*
La négation **ehara** s'emploie pour rendre négatives toutes sortes d'expressions. Par exemple, avec les possessifs, on aura :

nāku	*mien*
ehara nāku	*pas le mien*
mā rātou	*pour eux*
ehara mā rātou	*pas pour eux*

Comment traduire les verbes *être* et *avoir* ?

Le maori n'a pas de verbe pour rendre ces verbes français. Il fait donc appel à différentes tournures.
Par exemple, pour le verbe *être*, on peut employer la particule **ko**, qu'on peut qualifier de présentatif (*c'est…* ; *voici*) :
ko te tamaiti tēnei, *c'est cet enfant*.
Pour le verbe *avoir*, on fait appel à des prépositions ou des particules, le temps du verbe *avoir* étant marqué par le choix de la particule convenable :
mōu he kurī, *tu as un chien* (pour toi, un chien)
kei a Turi he kurī, *Turi a un chien* (à Turi, un chien)
hei a Turi he kurī, *Turi aura un chien*
i a Turi he kurī, *Turi avait un chien*

A la forme négative, on emploie généralement **kāhore** selon la construction suivante :
Kāhore he kurī i a Turi, *Turi n'avait pas de chien* ou *Turi n'a pas de chien*, sans qu'on puisse distinguer le temps du verbe.

Quelques particules à usages multiples

Le maori ne fonctionne pas comme les langues européennes et les catégories de mots ne sont pas les mêmes. Les cloisons ne sont pas étanches entre ce que nous appelons noms et verbes par exemple. De plus, ce que nous appelons, faute de mieux, des particules jouent des rôles multiples qui obscurcissent notre perception du fonctionnement de la langue. Cet encadré rassemble des informations données précédemment pour présenter plus clairement leurs différents rôles.

L'ordre des particules dans la phrase est strict : la particule verbale vient en tête, elle marque le temps, l'impératif etc. Après le verbe se trouvent les autres particules (si elles existent dans la phrase) : la particule de manière, puis celle de direction et enfin celle de position.

Exemple : **kua haere kē atu rā ia**, *il est déjà parti là-bas* (**kua** est la particule verbale du parfait, **kē** une particule de manière, **atu** est une particule de direction (éloignement) et **rā** une particule de position (un démonstratif des objets éloignés). Certaines de ces particules n'ont pas véritablement de traduction en français.

Pour exprimer le verbe *donner*, il faut être attentif au sens dans lequel s'effectue le don : si le don s'effectue en direction de celui qui parle, on emploie la particule **mai** après le verbe **hō** qui signife *donner*. Si le don concerne une autre personne, la particule est **atu** qui marque l'éloignement. Ainsi, il faut choisir entre **hōmai** et **hōatu** (on peut écrire aussi **hō mai** et **hō atu**):

donne-moi...   **hōmai te…**
donne... à Marie   **hōatu te… ki a Mere**

On note que la préposition qui introduit un complément direct ou indirect n'exclut pas l'emploi de l'article (ici **a**, devant une personne).
La même construction s'emploie avec d'autres verbes qui impliquent la direction vers ou en provenance de quelqu'un. Ainsi on dira : **ui mai ki a au**, *demande-moi* et **ui atu ki a Mere**,

demande à Marie. On dira aussi : **kuhu mai**, *entrez* ou **waea atu** *appelez* (quelqu'un au téléphone). L'omission de **mai** ou **atu**, selon le cas, est susceptible de rendre la phrase incompréhensible pour un Maori.

Le passif
Les verbes maoris s'emploient fréquemment au passif. Le verbe passif se forme par addition d'un suffixe (qui comporte toujours un -**a** final). Il n'y a pas de règle pour savoir quel suffixe employer. Il faut donc l'apprendre avec le verbe.
Ces suffixes sont :   -a / -ia / -hia / -kia / -mia / -ngia/ -ria / -tia / -whia / -na / -ina / -rina ou -whina
Exemples : le verbe **inu**, *boire*, donne **inu-mia**, *être bu* ; **tua**, *tomber*, donne **tua-ina**, *faire tomber, abattre*.
Exemples :
ka inumia, te wai, e te tangata *l'eau est bue par l'homme*
On constate que *par* se traduit par *e*.
i tuaina katoatia ngā rākau, *tous les arbres ont été abattus*.
Dans cette phrase, on voit que le mot **katoa**, *tous*, a pris une teminaison -**tia**, spécifique du passif. Cette particularité est générale : les adverbes ou adjectifs qui suivent un passif prennent tous cette terminaison : **i kainga otatia ngā huarākau**, *les fruits ont été mangés crus*. Ici, c'est l'adjectif **ota**, *cru*, qui prend la terminaison -**tia**.
Ajoutons que les verbes qui comportent une ou deux syllabes redoublées (**tatari**, *attendre* ; **pakipaki**, *applaudir*) forment leur passif en supprimant ce redoublement et en allongeant généralement la première voyelle sur le modèle de **tatari** qui donne **tāria**   (suffixe -**a** du passif). A noter que l'allongement de la voyelle au passif se produit aussi avec le verbe **whai**, *suivre, poursuivre*, qui donne **whāia** au passif. Exemple : **kua whāia te poaka e te kurī**, *le porc est poursuivi par le chien*.
Curieusement, le passif de verbes transitifs sert à former des impératifs. Par exemple, on dira :
inumia te wai, *bois l'eau*
tahuna te ahi, *allume le feu*

Les adverbes

Les adverbes jouent le même rôle en maori qu'en français : ils apportent une nuance au verbe ou à l'adjectif. Ainsi, **tonu** donne une idée de continuité.
e haere tonu atu ana te tangata, *l'homme continue de s'éloigner*
Les adverbes se placent généralement après le verbe ou l'adjectif. Bon nombre d'adverbes sont des adjectifs qui qualifient le verbe au lieu du nom :
i mahi pai ia, *il travaille bien* (mot à mot : *travaille bien il*)
Quelques adverbes se placent avant le verbe comme **āhua**, *tout à fait* ; **āta**, *soigneusement* ; **kaha** (*fort*), qui intensifie l'action ; **mātua**, *en premier* ; **paku**, *un peu* ; **tata**, *presque* ; **tere**, *rapidement* ; **tino**, *très*. Par exemple :
i tere oti te mahi, *le travail a été vite achevé*
kua tata oti te mahi, *le travail est presque achevé*

Les interrogatifs

Voici une liste non exhaustive d'interrogatifs :

he aha ?	*quoi* (choses seulement) *?*
ko wai ?	*qui* (personnes) *?*
ko wai tou ingoa ?	*quel* (quoi) *est ton nom ?*
nā wai ?	*à qui ?*
hei aha ?	*pour quoi ?*
kei hea ?	*où* (présent) *?*
kei whea ?	*où* (présent) *?*
i hea ?	*où* (passé) *?*
hei hea ?	*où* (futur) *?*
nō hea ?	*d'où ?*
mā wai ?	*pour qui ?*
nō wai ?	*à qui ?* (appartient)
i a wai ?	*à qui ?* (passé)
āhea ?	*quand ?* (futur)
tēwhea ?	*quel ?*
tēhea ?	*quel ?* (singulier)
ēhea ?	*quel ?* (pluriel)
pēwhea tia ?	*comment ?*
hia… ?	*combien ?*
e hia ?	*combien ?*
kia hia?	*combien ?*

tokohia ?	*combien ?* (personnes)
mā hea ?	*par quel moyen ?*

On dira, par exemple :

Nō hea koe ?	*D'où es-tu ?*
Kei whea koe ?	*Où es-tu ?*
Nā wai te mea nei ?	*A qui est cet objet ?*

L'interrogatif prend la particule du temps convenable :

i a wai te... ?	*qui avait... ?*
kei a wai te... ?	*qui a...?*

La réponse commence par la même préposition :
no Pōneke tēnei tangata *cet homme est de Wellington*

Les noms verbaux

Le maori emploie une grande quantité de noms verbaux formés, à partir du verbe, par l'adjonction d'un suffixe. Comme pour la formation du passif, on ne peut savoir quel suffixe s'emploie avec un mot déterminé. Toutefois, ces suffixes sont faciles à reconnaître car ils se terminent tous par **-nga**. En voici la liste :
-nga / -anga / -hanga / -inga / -manga / -ranga et **-tanga**.
La multiplicité des suffixes permet d'apporter des nuances entre les différents noms verbaux : ainsi, avec **-nga** et **-ranga** on obtiendra deux dérivés du verbe **tipu**, *grandir*, de sens légèrement différents :

tipunga	*croissance* (enfant, plante, etc.)
tipuranga	*croissance* (économie)

Comment construire des propositions subordonnées ?

En maori, la phrase est toujours construite de façon simple. Par exemple, au lieu d'une relative comme *c'est la personne qui est venue*, le maori dira **ko ia te tangata i haere mai**, soit, mot à mot, *présentatif* / lui / la / personne / *particule du passé* / aller / vers moi.
Souvent, la particule **ko** introduit une subordonnée :
i mea a Turi ko..., *Turi dit que...*
Si la subordonnée concerne le temps ou si c'est une conditionnelle, on emploie les conjonctions :

ina / ana	*si* et *quand*
mehemea	*si*

nō te *quand*
kia introduit un souhait, une condition ou une subordonnée dont le sujet n'est pas celui de la principale.
La proposition subordonnée ou infinitive française est souvent traduite en maori en employant un nom verbal :

Allez changer de vêtement
Haere ki te tīni i o kākahu
Va / pour / le / changement / du / vêtement

Quand il partira / en partant..
Nō te haerenga...
dans (temps) / le / départ

Les nombres
Le maori emploie un système décimal très simple. Les noms de nombres sont :

1	tahi
2	rua
3	toru
4	whā
5	rima
6	ono
7	whitu
8	waru
9	iwa
10	tekau / ngahuru
11	tekau mā tahi
12	tekau mā rua
13	tekau mā toru
20	rua tekau
21	rua tekau mā tahi
30	toru tekau
40	whā tekau
50	rima tekau
60	ono tekau
70	whitu tekau
80	waru tekau
90	iwa tekau

100	**rau** ou **kotahi rau**
101	**kotahi rau mā tahi**
1000	**mano** ou **kotahi mano**
2326	**rua mano toru rau rua tekau mā ono**

zéro se dit **kāhore**.
La tournure pour exprimer un nombre d'objets est du type suivant :
ngā waka e whā   *les quatre bateaux*
ou encore :
e toru ngā rūma o te whare nei
cette maison a trois chambres. On notera la place de l'article **ngā** entre le nombre et le nom.
Pour compter les êtres humains, on fait précéder le nombre et l'interrogatif du préfixe **toko-**, conformément à l'exemple suivant :
Tokohia ngā tamariki ? Tokowhā
Combien d'enfants ? Quatre

Nombres ordinaux
Les nombres ordinaux se forment simplement en faisant précéder le nombre de l'article **te** :
te ngahuru ou **te tekau**, *le dixième*
Exemple :
la huitième maison   **te waru o ngā whare**
on remarque la construction : *huitième des maisons*
Toutefois, si le nombre ordinal est employé comme adjectif épithète, on peut le former avec le préfixe **tua-**, mais seulement pour les nombres de 1 à 9. Exemples :
le troisième homme   **te tangata tuatoru**
le trentième   **te toru tekau**
premier est régulier : **tuatahi**
dernier se dit **mātāmuri** ou **whakamutunga**

Fractions
Les fractions se forment à l'aide du préfixe **hau** :
moitié (1/2)   **haurua**
tiers (1/3)   **hautoru**
Le pourcentage se forme avec le mot **ōrau** (littéralement : *de cent*)
tekau ōrau   *dix pour cent*
e hia ōrau o ngā iwi katoa ?
quel pourcentage de la population totale ?

Pour indiquer le nombre de fois, on peut employer le préfixe **taki** :
takitahi   *une fois*
takirua   *deux fois*
Le préfixe **taki** s'emploie aussi pour indiquer un groupe :
takiwaru i te haerenga mai, *ils sont venus à huit.*

On peut exprimer la multiplication par deux en employant le mot **pū** après le nombre :
e waru pū, e hōrite ana ki te tekau mā ono
deux fois huit font seize où le mot **hōrite** signifie être égal.
Noter aussi les mots :
tōpū   *double*
tōtoru *triple*

Formation du vocabulaire
Le maori enrichit son vocabulaire et forme de nombreux néologismes grâce à de multiples préfixes et suffixes :
- le préfixe **tau-** donne aux verbes le sens de la réciprocité comme dans **tautitotito**, *chanter des chants qui se répondent.*
- quand il est préfixe d'un mot relatif à un lieu ou à une direction, **whaka** signifie *vers*, comme dans **whakatemoana**, *vers la mer*, ou **whakamauī**, *vers la gauche* (l'emploi de l'article **te** est imprévisible).
- quand **whaka** s'applique à un nom, ce préfixe fournit un verbe qui a le sens de *devenir* : **whakātane**, *devenir un homme.*
On forme des néologismes en cumulant préfixes et suffixes : **kaiwhakatangipiana**, *pianiste*, est formé à partir de **tangi** qui désigne toutes sortes de *bruits* ; le préfixe **whaka-** forme le causatif ce qui donne **whakatangi**, *faire du bruit* ; le préfixe **kai-** indique l'agent, *celui qui fait* et **piana**, le *piano* intervient en suffixe de l'ensemble.
Certains mots emploient le préfixe **ka-** pour indiquer le début d'une action : **kariri**, *se mettre en colère*, de **riri**, *en colère.*
Le redoublement, très fréquent, a plusieurs fonctions. Il peut former un diminutif (**puke**, *colline*, donne **pukepuke**, *monticule*) ; il peut marquer la répétition (**auē**, *crier* ; **auēauē**, *crier sans arrêt*) ; parfois aussi la généralisation (**matemate**, *complètement malade*). Comme on l'a vu, le redoublement peut ne concerner que la première syllabe du mot, notamment pour former certains pluriels.

Mots maoris courants en anglais de Nouvelle-Zélande
La langue maori a transmis à l'anglais parlé en Nouvelle-Zélande quelques centaines de mots employés couramment. Pour la plupart, ils désignent des noms de lieux ou ceux de plantes ou d'animaux ignorés des Européens à leur arrivée. Certains sont de véritables symboles du pays comme, parmi les animaux, le **kīwī** (passé en français) ou parmi les arbres, le **kauri** (Agathus australis). Dans d'autres domaines : **kumara**, la *patate douce* ; **kahawai** (une sorte de poisson) ; **hāngi**, façon de cuire au four sur des pierres chauffées ; **rata mānuka** (espèce d'arbre dit *arbre à thé* car ses

feuilles sont employées pour des infusions) ; **pūkeko**, une poule d'eau ; **kākāpō**, un perroquet nocturne ; **kōwhai**, une espèce d'arbre.

Enfin certains mots, qui existent en anglais, sont employés sous leur forme maori pour faire « couleur locale », comme : **pākehā**, *européen, non-maori*, ou **kai**, *nourriture*.

Les emprunts du maori à l'anglais

Dès l'arrivée des Européens, d'innombrables mots anglais ont été introduits en maori car ils n'existaient pas dans la langue. Nous avons indiqué l'origine anglaise de ces mots dans le lexique. Mentionnons quelques uns des plus utilisés et des plus surprenants par leur orthographe :

āporo, *pomme* (de *apple*)
hipi, *mouton* (de *sheep*)
hoiho, *cheval* (de *horse*)
hū, *chaussure* (de *shoe*)
huka, *sucre* (de *sugar*)
miraka, *lait* (de *milk*)
naihi, *couteau* (de *knife*)
parāoa, *pain* (de *flour, farine*)
parakuihi, *petit déjeuner* (de *breakfast*)
pata, *beurre* (de *butter*)
pātara, *bouteille* (de *bottle*)
pepa, *papier* (de *paper*)
perēti, *assiette* (de *plate*)
pune, *cuillère* (de *spoon*)
reta, *lettre* (de *letter*)
tēpu, *table* (de *table*)
tōkena, *bas* (de *stocking*)

Plus reconnaissables sont les mots **kau**, *vache* (*cow*), **poaka**, *porc* (*pork*), **poti**, *bateau* (*boat*) et **wiki**, *semaine* (*week*) etc.

On constate que d'une façon générale, le maori qui ne connaît pas les sons *b, l, sh*, les remplace respectivement par **p, r, h**. De plus, le maori ne tolère pas deux consonnes à la suite, ce qui l'amène à en supprimer une ou à introduire une voyelle entre les deux consonnes. Il ajoute aussi une voyelle finale aux mots anglais qui se terminent par une consonne. Par exemple, pour le mot *breakfast*, la succession des deux consonnes initiales *br* devient **para**, le *k* est conservé et le *f* devient un **h** ; le reste du mot est avalé, d'où **parakuihi**.

Plus récemment, le maori a emprunté des mots anglais du vocabulaire économique, social ou politique, dont l'orthographe, conforme à la phonétique du maori, les rend souvent difficilement reconnaissables : **hohipera**, *hospital* ; **paihikara**, *bicycle* (de bicycle) ; **poutāpata**, *Post Office* ; **rōia**, *lawyer* (juriste) ; **tiriti**, *treaty* mais aussi *street* ; **tiwhikete**, *certificate* ; **īmēra**, *e-mail*

Le français a emprunté peu de mots au maori, comme **kiwi** ! Il a fait davantage appel au tahitien, les mots étant souvent semblables en tahitien et en maori : **wahine**, **tapu**. Le maori, pour sa part, appelle les Français **Wīwī**, mot tiré de l'expression *oui-oui* que nos compatriotes répétaient à satiété.

Les dialectes du maori

Jadis il existait différents dialectes dont l'existence s'expliquait par la rareté des communications entre tribus. Aujourd'hui, l'éducation, la presse et la radio ainsi que la facilité des déplacements, il ne subsiste pratiquement, à côté du maori parlé dans l'île du Nord, qu'une forme dialectale, celle de l'île du Sud, appelée **Kai Tahu**, alors qu'on estimait à la fin du XIXe siècle qu'il en existait sept dans la seule île du Nord. Cette forme dialectale se caractérise par le fait que le **ng** devient **k**, le **r** devient **l**, le **wh** devient **w** ou **u** et il apparaît un son **g**. De plus, le h est remplacé par un coup de glotte ou disparaît complètement. Ces caractéristiques rapprochent le dialecte du Sud du tahitien.

Il existe d'autres particularités dialectales mineures. Ainsi, le pronom **kōrua** devient-il **kourua** au Nord d'Auckland et **koutou** devient **kōtou** sur la côte orientale.

Deuxième partie
Conversation courante

Salutations
La formule la plus simple et la plus habituelle pour se saluer est : **kia ora** qui signifie aussi bien *salut !* que *merci*. On peut aussi dire : **tēnā koe**. Si l'on s'adresse à deux personnes, cette expression devient : **tēnā kōrua** et s'il y a plus de deux personnes : **tēnā koutou** qui signifient aussi *salut !* ou *merci*.

Une façon originale de se saluer
Le salut traditionnel des Maoris, appelé **hongi** (*sentir*), consiste à se mettre le nez en contact. Ce geste, qui n'implique pas une marque particulière d'affection, s'emploie surtout aujourd'hui dans un contexte culturel purement maori, mais aussi à l'égard des étrangers.

Présentation
Pour se présenter, on emploie la tournure :
ko.....toku ingoa   *je m'appelle...*
mot-à-mot : c'est (Pierre...) mon nom

Pour demander le nom de quelqu'un, on peut dire :
He aha te ingoa o tērā tangata ? *Quel est le nom de cette personne ?*

Pour demander des nouvelles de la santé, les expressions employées sont :
Kei te pēhea kowa ? *Comment cela va ?* (en s'adressant à une seule personne) ou **Kei te pēhea kōrua?** (en s'adressant à deux personnes) ou **Kei te pēhea koutou ?** (pour trois personnes ou plus).
On peut aussi dire :
E pēhea ana koe ? *Comment vas-tu ?*

Formule qui devient, selon le nombre de personnes à qui l'on s'adresse :
E pēhea ana kōrua ? *Comment allez-vous ?* pour deux personnes
E pēhea ana koutou ? *Comment allez-vous ?* pour trois personnes ou plus.

En réponse, on peut dire : **kei te pai ahau**, *je vais bien* ; ce qui devient **kei te pai māua** pour dire nous allons bien (deux personnes) ou **kei te pai mātou** (pour trois personnes ou plus). Une autre formule, de même signification, est : **e pai ana ahau** *je vais bien* (ou simplement **e pai ana**) qui devient pour plusieurs personnes : **e pai ana māua** (deux personnes) ou **e pai ana mātou** (trois personnes ou plus) *nous allons bien*

Adieux
Pour se dire *au revoir*, on dit à la personne qui s'en va :
haere rā (*va donc*)
A celui qui reste, on dit :
e noho rā, *reste* ou **hei konei**, *reste ici*
On peut dire aussi, dans tous les cas : **ka kite anō**, *à la prochaine* et **me hoki mai anō**, *revenez bientôt*.
Pour souhaiter une bonne nuit, on dit : **e moe rā**, *dors bien*.
Ajoutons qu'une formule courante pour terminer une lettre est : **arohanui**, avec toute mon affection (*grande affection*)

Expressions et mots courants

oui	āe
oui, peut-être	āe pea
non	kāo / kāore
merci	kia ora / taikiha
je ne sais pas	kāore au e mōhio
où se trouve... ?	kei whea te... ?
qui va là ?	ko wai tēnā e haere nā ?
qui es-tu ?	ko wai koe ?
que fais-tu ?	kei te aha koe ?
levez-vous	e tū
asseyez-vous	e noho
viens (ici)	haere mai (ki konei)
va-t-en	haere atu

vas-y / fais-le	**mahi atu**
entrez	**kuhu mai / tomo mai**
réveillez-moi	**whakaoho i a au**
fais attention	**kia tūpato**
ne te fâche pas	**kaua e riri**
désolé	**ka aroha**
peu importe	**aua atu**
je vous attendrai	**ka whanga atu au ki a koe**
je suis pressé	**kei te whāwhai ahau**
je viendrai	**ka haere atu au**
c'est assez / arrêtez	**kāti**
continue / dépêche-toi	**kia tere**
c'est bien, n'est-ce pas ?	**ka pai nē ?**
retourne (d'où tu viens)	**hoki atu**
donne-moi...	**hōmai...**
il n'y a pas...	**kāore...**

Exemples :
kāore he neke i Aotearoa, *il n'y a pas de serpents en Nouvelle Zélande*
donnez-moi de l'eau, svp. **hōmai koa he wai**
Dans cet exemple, **koa**, placé après le verbe, correspond au français *s'il vous plaît*.

La nourriture
Voici quelques mots et expressions qui vous permettront de briller si vous prenez un repas chez des Maoris :
apportez-moi... **mauria mai... māku**
apportez-moi la nourriture **mauria mai te kai māku**
apportez / vers-moi / la / nourriture / pour-moi

petit déjeuner	**kai o te ata**
menu (restaurant)	**rārangi kai / pānui kai**
jus d'orange	**tarawai o te ārani**
sans sucre	**kāore he huka**
cette boisson est amère	**he kawa te inu nei**

Comment se diriger
Pour demander son chemin, il y a plusieurs façons de s'exprimer qui emploient le mot **hea**, *où*. On demandera un lieu en disant :

où se trouve... ?	**kei whea te... ?**
gauche (direction)	**mauī**
à gauche	**te taha mauī**
droite	**matau**
à droite	**te taha matau**
tournez à gauche	**e huri ki te mauī**
tournez à droite	**e huri ki te matau**
tout droit	**māro tonu / tika / hāngai**
allez tout droit	**me haere tonu atu koe**
continuez	**haere tonu**
revenez en arrière	**hoki atu**
arrêt	**tūnga / tū**
freiner	**whakatū**
voie à sens unique	**ara ahutahi**
carrefour giratoire	**ara tāwhio**
passage à niveau	**ararōau hīkoi**
passage inférieur	**ara raro**
partout	**i nga wāhi katoa** (mot-à-mot : dans les lieux tous)
Par où êtes-vous venu ?	**mā hea mai koutou ?**
par la route de...	**mā te ara ki...**
en bateau	**mā runga i te waka**

On note que, pour les moyens de transport, le maori emploie la préposition **runga**, *sur*.

Les réservations ont été confirmées pour samedi
I whakatūturutia nga tāpuia mo te hatarei
particule du passé / confirmé / les / réservations / pour / le / samedi

La santé
La médecine traditionnelle maori repose sur trois types d'action : le massage (**mirimiri**), les plantes médicinales (**rongoā**) et les rites religieux (**karakia**). Selon la légende, c'est **Tane-nui a rangi** qui serait allé chercher les trois « corbeilles » (**kete**) de cette médecine. L'écorce de **totara** est un fébrifuge, l'huile du fruit du **miro** est un remontant. Voici quelques noms d'organes ou de parties du corps (pour les autres, se reporter au lexique) :

organe / viscère	**whēkau**
cœur	**manawa**

foie	**ate**
jambe / pied	**waewae**
main / bras	**ringa**
poumon	**pukapuka**
tête	**ūpoko**

Remarquons que les connaissances anatomiques des anciens Maoris étaient assez rudimentaires, ce qui les conduit à employer les mêmes mots (**io**, **uaua**) pour désigner aussi bien le *muscle*, la *veine*, l'*artère*, le *nerf* ou le *tendon*.

allergie	**mate tūtohu**
appendice	**weu whēkau**
asthme	**kume / huangō**
attaque cardiaque	**manawatū**
cancer	**mate pukupuku**
cancer de la peau	**mate pukupuku kiri**
cancer de l'intestin	**mate pukupuku whēkau**
cancer du poumon	**mate pukupuku pukapuka**
constipation	**kōroke**
diabète	**mate huka** (maladie du sucre)
douleur / souffrance	**mamae**
épilepsie	**mate ruriruri**
éternuer	**matihe**
fièvre	**kirikā**
gangrène	**mate kikohunga**
hépatite	**mate ate kakā**
inflammation	**kakī**
jaunisse	**huhunu**
lèpre	**tūhawaiki**
mal de tête	**ānini**
maladie héréditaire	**mate tuku iho**
maladie vénérienne	**mate paipai**
opération (chirurgie)	**pokanga**
oreillons	**repe pupuhi**
paralysie	**mate iotanga**
plaie	**ipuipu**
rhume	**maremare / rewharewha**
rougeole	**karawaka**
SIDA	**mate parekore**

tension artérielle	**rere o te toto**
toux	**wharo**
tuberculose	**mate kohi / kohitū**
ulcère	**keha**
vomir	**ruaki**
ambulance	**waka tūroro**
antidote	**rongoā whakanoa**
anti-névralgique	**rongoā whakangaro mamae**
contraceptif	**ārai hapū**
désinfectant	**rongoā patu take meroiti**
drogue	**rongoā whakawairangi**
eau de lin (laxatif)	**wai harakeke**
hôpital	**hōhipera**
intoxiquer	**whakawairangi**
laxatif	**rongoā whakatikotiko**
médicament	**rongoā**
somnifère	**rongoā whakarehu**

Les achats

Le maori a emprunté le vocabulaire technique du commerce à l'anglais. Le verbe **hoko** signifie aussi bien *faire du commerce* que *acheter* ou *vendre*. Bien sûr, l'anglais vous permettra de satisfaire votre goût du *shopping*. Toutefois ces quelques mots et expressions seront du meilleur effet auprès d'un marchand maori. Pour demander le prix, on dira :

E hia te utu ? *Quel est le prix ?*

et l'on pourra donner son appréciation :

cher (prix)	**utu nui / nui te utu**
bon marché	**ngāwari / ngāwari te utu**

Parmi les articles d'artisanat (**mahi ā-ringa**, *travail de main*) susceptibles de vous séduire, citons les sculptures (**whakairo**) en os, en nacre d'ormeau (**pāua**) ou en jade (**pounamu**), les tissages (**tukutuku**), divers bijoux comme des pendentifs ou boucles d'oreille en forme de pousse de fougère (**koru**) ou de hameçon (**hei matau**). N'hésitez pas à dire :

montrez-moi... **whakaatu ki a au...**

Le vendeur vous indiquera le prix en disant, par exemple :

tekau tāra te utu mō tēnei hei matau, *dix dollars pour ce pendentif.*

Les dates et les jours de la semaine
Le maori dispose de trois systèmes pour désigner les jours. Aucun n'est purement maori, car les Polynésiens ne connaissaient pas la semaine de sept jours. Le système le plus récent est une construction réalisée sur la base d'une adaptation au maori des noms anglais des jours (sur les noms des planètes), le second vient de l'anglais.

lundi	**Rāhina / Mane**
mardi	**Rātu / Tūrei**
mercredi	**Rāapa / Wenerei**
jeudi	**Rāpare / Tāite**
vendredi	**Rāmere / Paraire**
samedi	**Rāhoroi / Hātarei**
dimanche	**Rātapu** (*jour sacré*)

Une tendance se fait jour d'employer une série de noms basés sur l'ordre numérique des jours dans la semaine :
Rātahi (lundi, *jour 1*) ; **Rārua** (mardi, *jour 2*) ; **Rātoru** (mercredi, *jour 3*) ; **Rāwhā** (jeudi, *jour 4*) ; **Rārima** (vendredi, *jour 5*).
Pour le samedi, on conserve **Rāhoroi** (*jour du lavage*), ainsi que le dimanche **Rātapu**.
On constate que, comme en anglais, les noms de jours prennent une majuscule.

Pour les mois, contrairement aux jours de la semaine, il existait des mots maoris traditionnels :

janvier	**Kohi-tātea**
février	**Hui-tanguru**
mars	**Poutū-te-rangi**
avril	**Paenga-whāwhā**
mai	**Haratua**
juin	**Pipiri**
juillet	**Hōngongoi**
août	**Here-turi-kōkā**

septembre	**Mahuru**
octobre	**Whiringa-ā-nuku**
novembre	**Whiringa-ā-rangi**
décembre	**Hakihea**

Les noms de mois tirés de l'anglais, difficilement reconnaissables, ont été employés depuis le XIXème siècle. Les personnes âgées les connaissent mieux que les précédents. Ce sont :

janvier	**Hānuere**
février	**Pēpuere**
mars	**Māehe**
avril	**Āperira**
mai	**Mei**
juin	**Hune**
juillet	**Hūrae**
août	**Ākuhata**
septembre	**Hepetema**
octobre	**Oketopa**
novembre	**Nōema**
décembre	**Tīhema**

Enfin, un troisième système, créé par analogie avec le système des jours, est composé du mot **marama**, (*lune* ou *mois*) suivi du nombre correpondant à la place du mois dans l'année :

Maramatahi	*janvier* (*mois 1*)
Maramarua	*février* (*mois 2*)
Maramatoru	*mars* (*mois 3*)
Maramawhā	*avril* (*mois 4*)
Maramarima	*mai* (*mois 5*)
Maramaono	*juin* (*mois 6*)
Maramawhitu	*juillet* (*mois 7*)
Maramawaru	*août* (*mois 8*)
Maramaiwa	*septembre* (*mois 9*)
Maramatekau	*octobre* (*mois 10*)
Maramamātahi	*novembre* (*mois 11*)
Maramamārua	*décembre* (*mois 12*)

Comme en anglais, les noms de mois prennent une majuscule. Dans l'énoncé d'une date, on la fait précéder de l'article **te**.

Lundi, 7 novembre 2005 **te Mane 7 o Nōema i te tau 2005**
L'année 1829   **te tau kotahi mano e waru rau e rua tekau mā iwa.**
Pour indiquer en quelle année ou à quel mois (à quelle saison etc.) se situe un événement, on emploie la préposition **nō** : **nō te tau rua mano**, *en l'an 2000.*

L'heure

L'expression **te wā** qui signifie *le temps* se trouve à la fin de toutes les phrases indiquant l'heure.
Pour l'heure exacte on fait simplement précéder cette expression par le nombre :

kotahi te wā	*une heure*
rua te wā	*deux heures*

Pour demander l'heure, on dit :
He aha te tāima ? *Quelle heure est-il ?* (**tāima** est le mot anglais *time*) ou **He aha te wā ?**
Pour indiquer les minutes, on calque les modèles ci-après :

six heures 20   **rua tekau mai i te ono te wā**
où **i** signifie *à partir de*, soit, mot à mot :
deux / dix / / à partir de / six / le temps

six heures et demie	**haurua mai i te ono te wā**
dix heures moins 5	**rima ki te tekau te wā**
huit heures moins vingt	**rua tekau ki te waru te wā**
trois heures moins le quart	**hauwhā ki te toru te wā**
à sept heures	**ā te whitu karaka**
(**a** peut être remplacé par **hei**)	
vers 9 heures du matin	**kōtahi ki te iwa a te ata**
à ce moment	**mai i tēnei wā**
je vous attendrai	**ka whanga atu au ki a koe**
tard	**tōmuri**
tôt	**moata**
à l'heure précise	**wā tika**
toujours	**i ngā wā katoa**
arrivez à l'heure à la réunion	**me tae i te wā tika mo te hui**

réveillez-moi à 6 heures du matin whakaoho i a au i te ono karaka ā te ata.

inahea / nōnahea	*quand*
i te ata-pō	*avant l'aube*
nō te ata	*le matin*
i te ata nei	*ce matin*
nōnapō	*la nuit dernière*
nō tētahi pō	*une* (certaine) *nuit*
āianei	*maintenant*
i tēnei wā	*à ce moment-là*
i te Rātapu	*le dimanche*
mo te mutanga wiki	*pour le week-end*
awatea	*journée / milieu de la journée*
kei waenganui pō	*au milieu de la nuit*
āpōpō	*demain*
ao ake te rā	*le jour suivant*
nonanahi / inanahi	*hier*
ngā rā i mua	*les jours passés*
tērā marama	*le mois dernier*
i ngā wā o mua	*dans les temps passés*
nōnakuanei	*il y a peu de temps*
i mua noa atu	*il y a longtemps*
te wā kei te haere mai	*le futur*
i muri iho	*peu après*
ā tērā tau	*l'an prochain*
i te wā kotahi	*à la fois* (dans un temps unique)
ā te toru wiki	*en trois semaines*

Pour indiquer un jour dans le futur, on emploie **ā** :
ā te Mone, *lundi prochain*.
Pour exprimer l'âge, on emploiera une tournure comme :
e whā tekau rima tau tōku pakeke, *j'ai quarante cinq ans*
mot à mot : *marque du présent* / *quatre dix cinq années mon âge*

Quelques proverbes et expressions

Les proverbes (**whakataukī**) reflètent l'histoire et les traditions maories (**tikanga**).

Kia mau ki tō Māoritanga
Sois attaché à la culture maori

Kia mau koe ki ngā kupu o ōu tūpuna
Sois attaché aux paroles de tes ancêtres

Toitū he whenua, whatungarongaro he tangata
La terre est éternelle, l'homme disparaît

Noku te whenua, nō ōku tūpuna
A moi (est) la terre, (celle) de mes ancêtres

Tama tū, tama ora ; tama moe, tama mate
Garçon (qui est) *debout, garçon* (qui) *vit ; garçon* (qui) *dort, garçon* (qui) *meurt*

Me he manu motu i te mahanga
Comme un oiseau échappé d'un piège

Ahakoa iti, he pounamu
Quoique petit, c'est du jade

He tangata kī tahi
Un homme (qui) *parle une seule fois* (un homme qui n'a qu'une parole)

Mā pango mā whero, ka oti te mahi
Avec le rouge, avec le noir, le travail se termine
(l'union fait la force : le rouge symbolise le chef, le noir symbolise le peuple)

He wahine ki te kāinga, he kākā ki te ngahere *une femme à la maison est comme un kaka* (perroquet) *dans la forêt*

Tōku reo tōku ohooho
Ma langue, c'est ma (façon de me) réveiller

Exemples de quelques phrases
Voici quelques exemples de phrases un peu longues qui aideront le lecteur à se familiariser avec leur structure particulière.

ka whakapaea ahau he whānako koe
je t'accuse d'être un voleur

ahakoa he wera, kāore te rangi nei i takawai
quoique chaude, cette journée n'est pas humide

e kore e taea e au te haere atu ā te pō nei
il est impossible pour moi de venir ce soir

ka tere kē ake te paera o te wai ki te taupokitia te kōhua
l'eau bouillira plus vite si vous mettez un couvercle sur le pot

Troisième partie
La culture maorie

Les mythes sur l'origine des Maoris
Ils ont été créés par l'union de **Ranginui**, le Père céleste, et de **Papatuanuku**, le Terre-mère. Leur fils, **Tāne-tiki-wananga**, créa un espace entre ses parents, **Te ao mārama**, *le monde de la lumière*. **Tāne** fit apparaître dans son domaine les arbres, les oiseaux et les hommes. Il donna vie à la première femme en soufflant dans les narines d'une figurine en terre.
Les autres enfants du couple ciel-terre restèrent auprès de leurs parents : ce sont **Tāmemahuta**, dieu de la forêt, **Tāwhirimatea** qui créa le vent ; **Tūmatauenga**, dieu de la guerre ; **Haunia**, dieu des bêtes sauvages et **Rongo**, dieu de l'agriculture.
L'île du Nord a pour nom maori **Te Ika a Māui** (*le poisson de Māui*) car, selon la légende, Māui l'aurait sortie de l'eau en remontant l'ancre de son bateau.

L'arrivée légendaire des Maoris en Nouvelle-Zélande
Selon la légende (il en existe plusieurs versions, presque une par tribu), c'est un certain Kupe qui aurait quitté Hawaiki (peut-être Tahiti) pour chercher le poisson géant pêché par son ancêtre Māui. Après un long voyage, sa femme, Kuramārotini, aurait aperçu un long nuage blanc, annonciateur de la proximité de la terre. Après avoir lutté contre une pieuvre géante, Kupe aurait exploré le pays. De retour à Hawaiki, Kupe trouva son peuple en pleine guerre civile et son petit-fils Nukutāwhiti souhaita partir dans le pays nouvellement découvert. Kupe refusa de le suivre mais donna les indications à son petit-fils. Celui-ci, avec de nombreux compagnons, s'établit définitivement dans l'actuelle Nouvelle-Zélande.

Noms des tribus
Les tribus maories se regroupent en référence au bateau (**waka**, en anglais *canoe*) sur lequel sont supposés venus leurs ancêtres. Ces **waka**, au nombre d'une douzaine, sont à l'origine des districts (**rohe**), subdivisions administratives du pays maori. A l'exception de deux d'entre eux, ces districts sont tous établis dans l'île du Nord. Les **iwi** se regroupent en **runanga** (*conseil tribal*). Chaque **runanga** compte de deux à près d'une dizaine de tribus. Nous donnons ci-dessous les **runanga** de chaque île puis les tribus par ordre alphabétique, en indiquant par le numéro approprié à quelle **runanga** elle se rattache. Ces données ont été établies par le professeur Winiata.

Les 10 runanga de l'île du Nord (du Nord au Sud de l'île)
Te Tai Tokerau (1) au Nord de l'île
Hauraki (2) au Nord-Est de l'île
Arawa (3) au Nord-Est de l'île
Mataatua (4) à l'Est de l'île
Waikato (5) à l'Ouest de l'île
Te Taira Whiti (6), à l'Est de l'île
Taranaki (7), à l'Ouest de l'île
Wanganui (8) à l'Ouest de l'île
Kahungunu (9) au Sud-Est de l'île
Te Upoko o te Ika (10), au Sud-Ouest de l'île

Les 3 runanga de l'île du Sud
Te Tau ihu o te Waka (11)
Rangitane (12)
Te Wai Pounamu / Tokomaru (13)

Noms des tribus (iwi)
Attention : dans l'île du Sud Ngāti *se prononce* Kāti; Ngāi *se prononce* Kāi *et wh* devient w.
Aitanga-a-Hauiti (6)
Te Aitanga-ā-Māhaki (6)
Ngāti Tahu (13)
Ngāti Mamoe (13)
Muaūpoko (10)
Ngāti Kahu (1)
Ngā Puhi (1)

Ngāi Tāmanuhiri (6)
Ngāi Tutekohe (6)
Ngai Te Rangi (4)
Ngaru Nui (6)
Ngāti Apa (10)
Ngāti Awa (4)
Ngāti Haua (8)
Ngāti Huia (2)
Ngāti Kahungunu ki Heretaunga (9)
Ngāti Kahungunu ki Te Wairoa (9)
Ngāti Kahungunu ki Wairarapa (9)
Ngāti Koata (10 et 12)
Ngāti Kuia (12)
Ngāti Mahuta (5)
Ngāti Maniapoto (5)
Ngāti Maru (2 et 7)
Ngāti Mutunga (7)
Ngāti Paoa (5)
Ngāti Porou (6)
Ngāti Ranginui (4)
Ngāti Rārua (12)
Ngāti Raukawa (5 et 10)
Ngārauru (7)
Ngāti Ruanui (7)
Ngāti Ruapani (6)
Ngāti Tama (7)
Ngāti Tamaterā (2)
Ngāti Te Ata (5)
Ngāti Toa (5 et 10)
Ngāti Tūwharetoa (3)
Ngāti Wai (1)
Ngāti Whanaunga (2)
Ngāti Whatua (1)
Poutini Kāi Tahu (13)
Rangitane (10 et 12)
Rongo Whakaata (6)
Taranaki (7)
Te Arawa (3)
Te Ati Awa (7 et 10)

> Te Aupōuri (1)
> Te Rarawa (1)
> Waitaha (13)
> Whānau a Apanui (4)
> Tūhoe (4)
>
> La tribu la plus importante est celle des Ngā Puhi suivie de celle des Ngāti Porou.
> On donne aux Maoris qui vivent à Auckland et Wellington les noms resprectifs de Ngāti Ākarana et Ngāti Pōneke.

Les noms de lieux
En Nouvelle-Zélande, une grande quantité de noms de lieux ont conservé leur appellation maorie. Ils sont souvent faciles à traduire car ils ont une signification géographique simple, comme **awanui**, *grande rivière*. La Nouvelle Zélande, plus précisément l'île du Nord, porte un nom poétique : **Aotearoa** *le long nuage blanc*. On a vu que la femme de Kupe, le découvreur mythique de la Nouvelle-Zélande, aperçut un long nuage blanc sur les montagnes encore invisibles de l'île du Sud et se serait exclamée, pressentant la présence de la terre : **he ao** ! *un nuage*, **he aotea** ! *un nuage blanc*, **he ao tea roa** ! *un long nuage blanc*.
Les noms de villes, fondées par les colonisateurs sont d'origine britannique, même si on a retrouvé une ancienne appellation autochtone. Ainsi, deux îles près de Wellington, **Matiu** et **Mākaro**, portent les noms des filles de Kupe. Voici les principaux toponymes maoris :

Terre du Nord	**Te Taitokerau**
Ile du Nord	**Te Ika-a-Māui**
Ile du Sud	**Te Waipounamu**
Ashburton	**Hakatere**
Auckland	**Tāmaki-makau-rau / Ākarana**
Blenheim	**Waiharakete / Wairau**
Bluff	**Murihiku**
Canterbury	**Waitaha**
Christchurch	**Ōtautahi**
Dannevirke	**Tāmaki-nui-a-rua**

Dunedin*	**Ōtepoti**
Featherston	**Kaiwaewae**
Feilding	**Aorangi**
Gisborne	**Tūranga-nui-a-Kiwa**
Greymouth	**Māwhera**
Greytown	**Houhou-pounamu / Kura-tawhiti**
Hamilton	**Kirikiriroa**
Hastings	**Heretaunga**
Huntley	**Rāhui-pōkeka**
Invercargill	**Waihopai / Murihiku**
Levin	**Horowhenua / Tautoko**
Lower Hutt	**Awakairangi**
Lyttelton	**Whakarango** (ex Port-Cooper)
Mahia	**Te Māhia**
Masterton	**Whakaoriori / Te Oreore**
Napier	**Ahuriri / Nēpia**
Nelson	**Whakatū**
New Plymouth	**Ngāmotu** (*les îles*)
Palmerston North	**Te Papa-i-oea**
Thames	**Pārāwai**
Upper Hutt	**Whakatiki**
Wellington	**Te Whanga-nui-a-Tara** (*la grande baie de Tara*)
Océan Pacifique	**Moana nui ā Kiwa**
Côte Est	**Te Tairāwhiti**
Côte Ouest	**Te Taihau-ā-uru**
Côte Sud	**Te Taitonga**
baie de Plenty	**Waiariki** (*source*)
baie des Iles	**Pewhairangi**
Golden Bay	**Tai Tapu**
Queen Charlotte sound	**Totara nui**
Tasman Bay	**Tahunanui**
Bank's Peninsula	**Hakaroa** (près de Christchurch)
East Cape	**Te Tai-rāwhiti / Whangaōkena**
Cape Kidnappers	**Te Matau ā Māui** (*l'hameçon de Maui*)
North Cape	**Muriwhenua**
Cape Runaway	**kūrae o Whangaparāoa**

Détroit de Cook	**Te moana o Raukawa**
Détroit de Foveaux	**Te Ara-a-Kiwa**
Great Barrier Island	**Aotea**
Iles Chatham	**Wharekauri / Rēkohu / Arekohu**
Iles Cook	**Rarotonga**
Stewart Island	**Rakiura**
White Island	**Whakaari**
Mont Cook	**Aoraki**
Mont Egmont	**Taranaki**
Fox glacier	**waiparahoaka o Potikohua**

Attention, **Pōneke**, employé pour désigner Wellington, vient de Port Nick (Port Nicholson), une ancienne appellation, mais n'est pas un nom maori..

* Dunedin est le nom gaélique d'Edimbourg

Les prénoms
L'introduction du christianisme en Nouvelle-Zélande ayant été le fait principalement de pasteurs protestants, les prénoms bibliques et chrétiens sont nombreux :
Akinehi, Agnes
Anaru, Andrew
Araketanara, Alexander
Ārihia, Alice
Eruera, Edward
Hamuera, Samuel
Hehu, Jésus
Hemi, James
Henare, Henry
Hihiria, Cecilia
Hōhepa, Joseph
Hone, Hoani, John
Hopa, Job
Hori, Georges
Irihāpeti, Elizabeth

Makareta, Margaret
Mere, Marie
Paoro, Paul
Pita, Peter
Rāniera, Daniel
Rapata, Robert
Rewi, David
Tamati, Thomas
Tārati, Dorothy
Tiaki, Jack
Tiare, Charles
Tipene, Stephen
Werahiko, Francis
Wikitōria, Victoria
Wiremu, William
Wirihana, Wilson

D'autres prénoms sont vraisemblablement purement polynésiens, certains étant ceux de personnages mythiques :
Hata
Haumapuhia
Hine
Kupe
Mārama
Ngāhuia
Pani
Rangi
Rewi
Rona
Tamahae
Tāwhati

Organisation administrative
Les ministères de Nouvelle-Zélande ont des appellations anglaises et maories, puisque le maori a un statut de langue officielle. Les noms de ces ministères (sujets à des changements) sont les suivants :

Ministère des Affaires étrangères et du Commerce Extérieur
Te Manatū Ahuatanga Tāwāhi Tauhokohoko

Ministère de la Défense
Te Manatū o Te Tūmatauenga

Ministère de l'Intérieur
Te Tari Taiwhenua

Ministère des Iles du Pacifique
Te Manatū Moana-nui-a-Kiwa

Ministère des transports
Te Manatū Waka

Ministère du développement économique
Manatū Ōhanga

Ministère de l'Agriculture et des forêts
Te Manatū Ahuwhenua Ngāherehere

Ministère du développement social
Te Manatū Whakahiato Tangata

Ministère des affaires féminines
Te Minitatanga mō ngā Wāhine

Ministère de la Justice
Tāhū o te Ture

Ministère de la Recherche, des Sciences et de la Technologie
Te Manatū Pūtaiao

Ministère de l'Energie
Te Manatū Pūngao

Ministère de la Santé
Te Manatū Hauora

Ministère du Logement

Te Whare Āhuru

Ministère de l'Education
Te Manatū o te Mātauranga

Ministère du développement de la Jeunesse
Te Manatū Whakahiato Taiohi

Ministère de l'Agriculture et des Pêches
Te Manatū Ahuwhenua Ahumoana

Ministère des Forêts
Te Manatū Ngāherehere

Ministère de l'Environnement
Te Manatū Mō te Taiao

Ministère de la Culture
Te Manatū Taonga

Ministère des Affaires Maories
Te Manatū Māori

Commission pour la Fonction Publique
Kōmihana Tari Kāwanatanga

La vie politique
Pour faire contrepoids à la monarchie britannique, les Maoris ont fondé en 1858 une royauté destinée à fédérer leurs tribus. Pendant 40 ans, le trône a été occupé par une reine (**te ariki nui dame te Atairangikaahu, dame te Ata** en abrégé), où vient se nicher le mot franco-anglais *Dame* après **ariki nui**, *grand chef*. Cette souveraine respectée est morte en 2006 à l'âge de 75 ans. Son fils aîné âgé de 51 ans, **Tuheitia Paki**, lui a succédé sur le trône de bois sculpté. Le corps de sa mère a rejoint les tombes des rois maoris sur la montagne **Taupiri** où il a été acheminé en canoë par la rivière **Waikato**.
Aujourd'hui, le principal parti politique maori est le Parti Maori fondé en 2004 pour défendre les intérêts maoris au sein du système

politique. On trouve aussi des députés maoris au sein des principaux partis comme le Parti travailliste et le Parti national (conservateur).

D'une façon générale, les Maoris luttent pour que soient mieux respectés leurs droits fonciers, leurs droits de pêche et leur culture.

Les arts

Les Maoris excellent dans la sculpture et ont une riche tradition musicale.

La sculpture

Elle se pratique sur la pierre, sur des os, sur le bois et... sur la peau, le tatouage existant depuis le fonds des âges.

La Nouvelle-Zélande est célèbre pour le jade (**pounamu**) qu'on trouve exclusivement dans l'île du Sud (une douzaine de sites). Pour la sculpture sur os, on choisit préférentiellement l'os de baleine mais, faute de mieux, l'os de bœuf.

Un art populaire maori : le tatouage

Le tatouage (**moko**) est une pratique très ancienne chez les Maoris. Une légende raconte qu'il fut transmis de façon divine pour qu'un Maori puisse reconquérir le cœur de sa belle. Le nom de **moko** proviendrait de celui de **Ruaumoko**, fils du dieu du ciel et de la déesse de la terre, resté dans le ventre de sa mère et responsable des tremblements de terre. En quelque sorte, le tatouage serait aussi vieux que la terre elle-même. Chaque moko porte un message connu des ancêtres et de la tribu. Le moko n'est pas simplement un art mais il porte des informations symboliques sur la personne qui en est décoré. Un élément fondamental des dessins du moko est le **koru** qui évoque la pousse d'une fougère et crée une impression de spirale. Le mot **koru** a le sens initial de *naissance, régénération*. Le tatouage sur les bras indique les activités. Femmes et hommes sont tatoués.

Les chants traditionnels des Maoris

On compte de nombreuses formes de chants traditionnels dont les caractéristiques, communes à toute la Polynésie, reposent leplus souvent sur la récitation psalmodiée de mélodies sans fin répétées. Les principaux types de chants sont :

waiata, le plus nombreux, employé pour célébrer un événement triste comme les funérailles (**waiata tangi**), l'amour en général (**waiata aroha**) ou l'amour d'un bien-aimé (**waiata whaiāipō**).

pao, des chansonnettes d'agrément.

poi, qui accompagne une danse où l'on balance une balle au bout d'une corde.

oriori, chant pour initier les gens aux mythes de leur tribu.

karanga, psalmodies récitées par les femmes sur la pace publique (**marae**) pour accueillir des visiteurs (**pōwhiri**) ou leur dire adieu (**poroporoaki**).

karakia, invocations de nature religieuse pour demander l'aide du Dieu suprême à diverses occasions (naissance, maladies, mariage, divorce, enterrement, exhumation etc.).

pātere, chants évoquant la généalogie de la tribu, souvent devenus des attractions pour touristes.

kaioraora, brefs morceaux, souvent virulents, destinés à tourner en dérision ou à diffamer un personnage.

haka, enfin, le plus connu par suite de son emploi par l'équipe de rugby des All Blacks à l'ouverture des matches internationaux. Il en existe un grand nombre, pratiqués avec ou sans armes (**taparahi**, sans armes ; **peruperu**, avec armes). On pratique le haka aussi bien pour intimider l'adversaire avant de se battre que pour souhaiter la bienvenue. Le haka consiste en cris et en gestes stylisés dirigés par un leader et repris en chœur par la troupe. Voici un exemple de haka de bienvenu dans lequel le visiteur est symbolisé par une barque, celle des ancêtres venus peupler le pays. Les paroles sont alternées, à chaque parole du chef de chœur répond l'ensemble de la troupe :

chef :	**ā, tōia mai**	*oh ! hisse*
chœur :	**te waka**	*la barque*
chef :	**ki te urunga**	*à son repos*
chœur :	**te waka**	*la barque*
chef :	**ki te moenga**	*à son lit*
chœur :	**te waka**	*la barque*
chef :	**ki te tatotoranga**	*à la place où il*

chœur :	**i takoto ai** **te waka**	*doit être couché* *la barque*

Bien plus connu est le **haka** des All Blacks qui ouvre tous les matches internationaux de rugby de cette équipe célèbre. Les paroles n'ont pas grand sens mais l'adversaire est supposé être impressionné par les mimiques redoutables des joueurs. Le meneur du **haka** est un Maori.
Ka mate ! Ka mate ! *Nous allons mourir (bis!)*
L'équipe répond en chœur en gesticulant :
Ka ora ! Ka ora ! *Nous allons vivre (bis!)*
Ces exclamations sont répétées deux fois puis les All Blacks récitent d'un air menaçant :
Tēnei te tangata pūhuruhuru *voici l'homme chevelu*
Nānanei i tiki mai whakawhiti te rā *qui va chercher le soleil pour qu'il se lève*
a ūpane ka upane *faisons un pas (bis)*
whiti te rā ! hi!! *le soleil se lève ! hi !*

La chanson aujourd'hui
Le chant est très populaire, qu'il soit ancien ou plus moderne. De nombreux groupes se produisent à l'étranger où certains artistes se sont fait une réputation enviable comme la chanteuse **Kiri te Kanawa**.

L'hymne national
(traduction libre)
E Ihoa Atua, O ngā iwi mātou rā, Āta whakarongona ; Me aroha noa. Kia hua ko te pai; Kia tau tō atawhai; Manaakitia mai Aotearoa.

O Seigneur, Dieu des nations et notre Dieu aussi, écoute-nous ; aime-nous sans contrainte. Que fleurisse la bonté ! Que nous soyons assurés de ta mansuétude ! Que soit bénie la Nouvelle-Zélande !

Ōna mano tāngata Kiri whero, kiri mā, Iwi Māori Pākehā Rūpeke katoa, Nei ka tono ko ngā hē Māu e whakaahu kē, Kia ora mārire Aotearoa.

La foule des gens, (de) peau rouge (comme de) peau blanche, le peuple maori (et) les Européens se rassemblent tous. Que soit pardonné tout ce que nous faisons de mal. Que la Nouvelle Zélande vive dans la paix !

Tōna mana kia tū! Tōna kaha kia ū ; Tōna rongo hei paku Ki te ao katoa Aua rawa ngā whawhai, Ngā tutu a tata mai ; Kia tupu nui ai Aotearoa.

Que son esprit soit présent ! Que sa force arrive ! Que sa paix s'étende au monde entier ! Que grandisse la Nouvelle-Zélande !
Waiho tōna takiwā Ko te ao mārama ; Kia whiti tōna rā Taiāwhio noa. Ko te hae me te ngangau Meinga kia kore kau; Waiho i te rongo mau Aotearoa.
Fais que son territoire soit illuminé ! Qu'apparaisse librement sa lumière alentour ! Que la jalousie et le trouble disparaissent ! Que la paix règne sur la Nouvelle-Zélande.

Tōna pai me toitū ; Tika rawa, pono pū ; Tōna noho, tāna tū ; Iwi nō Ihoa. Kaua mōna whakamā ; Kia hau te ingoa ; Kia tū hei tauira ; Aotearoa.

Que le bien soit durable. Que le droit et l'honnêteté soient établis. Peuple de Dieu, que tu ne connaisses pas la honte. Que soit connu le nom de Dieu. Qu'il soit le modèle de la Nouvelle-Zélande.

Religion

Les rites du culte maori originel étaient très compliqués. Il existait une hiérarchie de prêtres (**tohunga**) de type aristocratique. Ce clergé comportait des hommes et des femmes. Ils honoraient un Etre suprême, Io, à la face cachée, un Dieu-ciel et un Dieu-terre.
L'implantation du christianisme en Nouvelle-Zélande est ancienne. En 1814, le chef maori Ruatara accepta de protéger trois missionnaires anglicans et leurs familles qui s'établirent à Oihi, dans la baie des Iles. Peu à peu, l'arrivée des missionnaires européens porta un rude coup à la religion indigène. La conversion à une forme ou une autre du christianisme (anglicanisme, catholicisme, presbytérianisme…) fut facilitée par le prestige de

l'écriture et la crainte supersticieuse provoquée par les maladies introduites involontairement par les colons.

> **Situation religieuse de la Nouvelle-Zélande**
> Selon une enquête récente, les croyances des 4 millions de Néo-Zélandais se répartissent ainsi :
> | | |
> |---|---|
> | anglicans | 30 % |
> | presbytériens | 17 % |
> | catholiques | 15 % |
> | orthodoxes | 0,2% |
> | autres chrétiens | 5,3% |
> | mormons | 1% |
> | croyances traditionnelles | 1,2% |
> | bouddhistes | 0,8% |
> | hindouistes | 0,7% |
> | musulmans | 0,3% |
> | juifs | 0,1% |
>
> La plupart des catholiques proviennent de l'immigration irlandaise tandis que bon nombre de Français arrivés au XIXe siècle sont devenus anglicans.

Aujourd'hui, on peut donc dire que l'ensemble de la population a une culture chrétienne. Cependant la pratique religieuse est faible : 13% des Maoris se déclarent sans religion ou athées. L'ancien culte polynésien pratiqué avant l'introduction du christianisme a pratiquement disparu. Il est intéressant de noter l'apparition au XIXe siècle d'Eglises maories originales dont certaines ont pratiquement disparu et d'autres sont encore bien vivantes. La première, appelée parfois hauhauisme, est plus connue sous le nom d'Eglise Paimārire ('vertu paisible'). Elle a été fondée et répandue par son prophète, Te Ua Haumene, qui reçut une révélation de l'ange Gabriel en 1862 selon laquelle les Maoris seraient une tribu perdue d'Israël. Le salut, c'est à dire la libération du pouvoir des Européens, s'obtenait grâce à des hymnes (**karakia**) chantés autour d'un poteau (**niu**) et à l'intervention de l'ange Gabriel. Les fidèles pouvaient alors se lancer à l'assaut en chantant **Hapa, hapa, paimārire hau**, ce qui les rendait invulnérables aux balles. Il n'est pas étonnant que ce culte n'ait subsisté que quelques années, jusqu'au milieu des années 1860. Cependant, deux autres mouvements religieux purement maoris en sont plus ou moins les héritiers, **Ringatū** et **Rātana**. Ils comptent encore aujourd'hui près d'une dizaine de milliers de fidèles pour le premier et près de 50.000 pour le second.

Ringatū, qui signifie *mains levées*, a été fondé par le prophète Te Kooti Rikirangi Te Turuki (c.1830-1893) qui reçut des révélations divines. Selon sa lecture de la Bible, il aurait comme Moïse la mission de conduire son peuple à la liberté sous la direction de Jéhovah. Cette libération, originellement orientée contre le colonialisme, s'est transformée dans un sens spirituel et l'Eglise Ringatū est considérée officiellement aujourd'hui comme une Eglise chrétienne. Ses membres habitent principalement dans la partie septentrionale de l'île du Nord.

L'Eglise Rātana (**hāhi Rātana**) fondée en 1918 par Tahupoki Wiremu Rātana (1873-1939) se base à la fois sur la Bible (Ancien et Nouveau Testament) pour sa spiritualité et sur le traité de Waitangi pour ses principes de vie socio-économique. Elle insiste sur le rôle des anges comme intermédiaires entre Dieu et les hommes. Une de ses particularités est de rejeter la Trinité et de lui subsister une entité quintuple comprenant le Père, le Fils, le Saint-Esprit, les Anges et Rātana lui-même, porte-parole de Dieu. Le temple principal de ce culte est situé à Rātana pā, au Nord de Wellington, à 20km au Sud de Wanganui. Son symbole est une étoile à cinq branches reposant sur un croissant, sans aucun rapport avec les emblèmes de l'Islam.

Ajoutons l'importance des Mormons, dont le nombre dépasse 50.000 âmes, et qui comptent dans leurs rangs bon nombre de Maoris. La doctrine des Mormons comporte bien des analogies avec les deux Eglises maories que nous venons de décrire.

Textes bilingues : deux prières chrétiennes
Pour faciliter la compréhension des mécanismes de la grammaire, nous présentons une traduction mot à mot de ces textes.

La prière du « Notre Père »
E tō mātou Matua i te rangi,
particule du présent / le / notre / Père / dans / le / ciel
kia tapu tōu ingoa ;
que / sacré / ton / nom
kia tae mai tōu rangatiratanga ;
que / vient / vers-nous / ton / royaume
kia meatia tau e pai ai ki runga ki te whenua ;
que / volonté / ta / *particule du présent* / sur / *part.* / la / terre
kia rite anō ki tō te rangi.
que / semblable / comme / à / celui / le / ciel
Homai ki a mātou aianei he taro ma matou mō tēnei rā.
Donne / à / *article* / nous / maintenant / le / pain / pour / ce / jour

Murua ō mātou hara, me mātou hoki e muru nei i ō te hunga e hara ana ki a mātou.
Pardonne / *article* / nos / fautes / comme / nous / aussi pardonnons / celles / de / peuple / *part.* / faute / vers / nous

Aua hoki mātou e kawea kia whakawaia ; engari whakaorangia mātou i te kino.
Pas / aussi / nous / *part.* / être transporté / vers / tentation / mais / être délivré / nous / de / le / mal.
Amine.
Notre Père, qui es aux cieux, que ton nom soit sanctifié, que ton règne vienne, que ta volonté soit faite sur la terre comme au ciel. Donne-nous aujourd'hui notre pain de ce jour. Pardonne-nous nos offenses comme nous pardonnons à ceux qui nous ont offensés et ne nous soumets pas à la tentation et délivre-nous du mal. Amen.

La prière du « Je vous salue Marie »
Awe, e Maria, e ki ana koe i te kereatia;
Ave / Marie / *particule du présent* /
kei a koe te Ariki.
avec / toi / le / grand chef
E whakapaingia ana koe i roto i ngā wāhine,
Particule du présent / béni / *continuité* / toi / dans / les / femmes
a e whakapaingia ana hoki a Hehu,
et / *particule du présent* / béni / *continuité* / aussi / le / Jésus
te hua o tou kōpū.
le / fruit / de / ton / ventre

Je vous salue, Marie, pleine de grâces. Le Seigneur est avec vous et Jésus, le fruit béni de vos entrailles, est avec vous.
E Hata Maria
Particule du présent / Sainte / Marie
e te matua wahine o te Atua,
Particule du présent / la / mère / femme / de / le / Dieu
inoi koe mo mātou,
prier / toi / pour / nous
mo te hunga hara aianei, a, a te haroa o to mātou matenga. Amene.
Sainte Marie, mère de Dieu, priez pour nous, pauvres pécheurs, maintenant et à l'heure de notre mort. Amen.

I runga i te ingoa o te Matua, o te Tama, me te Wairua Tapu.
Au nom du Père, du Fils et du Saint-Esprit

Ka tukua atu e au tōku wairua ki tōu ringa
Je remets mon esprit entre tes mains

Les missionnaires français
Des missionnaires catholiques français (surtout maristes) exercent leur apostolat auprès des Maoris depuis 1838. En 1842, on compte déjà une vingtaine de pères et de frères maristes. Mgr Pompallier est vicaire apostolique de l'Océanie occidentale de 1836 à 1848 puis évêque d'Auckland de 1848 à 1868. Une religieuse française, Suzanne Aubert, est devenue une véritable célébrité en Nouvelle-Zélande. Née en 1835 dans la Loire, sa vocation missionnaire est née d'une visite à Lyon de Mgr Pompallier en 1859. Après de solides études de médecine et de chimie, elle quitte la France en 1860 sur un baleinier qui arrive à Auckland quatre mois après. Profondément soucieuse de protéger la culture maorie, elle publie un dictionnaire anglo-maori de 17.000 mots, recueille les secrets de la médecine traditionnelle, fabrique d'efficaces médicaments qu'elle commercialise (Kekako, Marupa, Wanena etc.), fonde la congrégation des Filles de la Compassion et des hôpitaux pour enfants, achète une ferme avec l'héritage de ses parents. Elle meurt à 89 ans, en 1926, n'étant revenue en Europe que de 1913 à 1919 pour obtenir du pape la reconnaissance de son ordre religieux. Son procès en canonisation est en cours mais elle figure déjà dans le calendrier des Saints de l'Eglise anglicane !

Les funérailles

Au moment du décès, toute la famille se rassemble pour une cérémonie traditionnelle appelée **tangihanga** (du mot **tangi** signifiant *pleurer*). C'est l'occasion de resserrer les liens familiaux (**whanaungatanga**). Selon les rites traditionnels, quand une personne mourait, l'entourage, aidé par un prêtre (**tohunga**), s'efforçait de faciliter le départ de son esprit (**wairua**) vers le royaume des esprits (**rerenga wairua**), tandis que le cadavre (**tūpāpaku**) était placé en position fœtale et assis bien droit, comme s'il était encore vivant, pour pouvoir suivre les cérémonies. Le lieu du décès devenait tabou (**tapu**), la maison était parfois brûlée et une autre construite. Ces pratiques sont d'un autre âge. Aujourd'hui encore cependant, il est fréquent que la cérémonie ait lieu où le défunt est né. Dans tous les cas, une demande (**tono**) doit être formulée par le chef du village (**kaumātua**) pour que l'inhumation puisse être pratiquée auprès d'un **marae** (place publique) ou dans un cimetière déterminé (**urupā**). Cette demande peut s'effectuer lors de l'arrivée des invités (**manuhiri**) ou au cours des discours mortuaires (**whaikōrero**). L'accueil des invités (**pōwhiri**) peut se prolonger sur quelques jours. Jadis des femmes agitaient des feuilles de **kawakawa** (arbre à poivre) pour indiquer le chemin aux esprits et les guider vers l'au-delà. Lors de la nuit précédant l'enterrement (**pō whakamutunga**, *dernière nuit*), l'esprit du mort s'en va et la famille (**whānau**) chante en souvenir du défunt, raconte des anecdotes amusantes sur son enfance et partage la joie des retrouvailles. Le cercueil est fermé avant le lever du soleil. Jadis, on n'enterrait pas les morts : le cadavre était suspendu à un arbre jusqu'à ce que la chair disparaisse. On grattait alors les os, on les peignait puis on les brûlait. Ces pratique peu hygiéniques ont complètement disparu depuis longtemps. L'enterrement s'appelle **nehunga** ou **pō whakamoemoeā** (*nuit de l'endormissement*). Après la mise en terre, on organise un repas (**hākari**) qui libère la famille en deuil du tabou qu'elle subissait depuis le début de la cérémonie. On pratique alors une bénédiction de la maison du défunt (**takahi whare**) qui garantit que des esprits ne viendront pas perturber les vivants. Les vêtements et objets personnels du défunt sont donnés à ceux qui veulent un souvenir ou sont simplement brûlés. Pour les personnes qui n'ont pas pu assister à l'enterrement, il est parfois d'usage de leur donner un souvenir (**kawe mate**), comme la photo du défunt. Un an après le décès, on organise une cérémonie appelée **huru kōhatu** (*dévoiler la pierre* tombale) pour éviter d'oublier le défunt. En fait, on commence par voiler la tombe avant le lever du spleil et on la dévoile au cours de la cérémonie. C'est encore une occasion de rassembler toute la famille.

Lexique français-maori

Pratiquement, tous les Maoris parlent anglais. Au cas où un mot ne figurerait pas dans ce lexique, nous conseillons au lecteur de le dire en anglais. En revanche, les mots d'origine anglaise adoptés par le maori ont parfois une orthographe si déformée que nous nous sommes efforcés de les faire figurer dans le lexique maori-français.

A

abri	maru / māhauhau
abriter (s')	whakaruru-hia
abalone (ormeau)	pāua
absent	ngaro
accélérer	whakahohoro
accident (de voiture)	aituā (waka)
accompagner	ārahi (-na)
accord	taurite
accusation	whakapae
accuser	whakawā
acheter	hoko / hoko-na
acide	kawa
acier	rino / tīra (de l'anglais *steel*)
adresse (domicile)	kāinga noho
adversaire	hoariri
affamé	hia kai
agneau	rēme
agriculture	ahuwhenua
aider	āwhi
aigre	kawa
aiguille	ngira
aimer	aroha
algue	rimu
aller	haere
ambassade	kāinga o te māngai
ambassadeur	māngai o te kāwanatanga
ambulance	waka tūroro

âme	wairua
améliorer	whakapai rawa
ami	hoa / ehoa
petit ami	tama ā piti
petite amie	hoa kōhine
amitié	whakahoanga
ancêtres	tupuna
ancre	haika / punga
anguille	tuna
animal	kararehe
année	taua
annuaire (téléphone)	pukapuka waea
août	Ākuhata / Here-turi-kōkā
appeler	karanga
apprendre	ako
araignée	pungawerewere
arbitre	kaiwhakatau
arbre	rākau
arc-en-ciel	āniwaniwa
architecte	kaihoahoa
argent (métal)	hiriwa
argent (monnaie)	moni
argile	oneuku / uku
arme	patu
armée	ope taua
armoire	pātaka
arrêt (bus etc.)	tūnga
arriver	tae mai
art	toi
aspirateur	mīhini ngōngō (*machine à tuyau*)
asseoir (s')	noho
assiette	perēti (de l'anglais *plate*)
assistance	āwhina
assoiffé	hiainu
association	whakarōpūtanga
assurance (contrat)	inihua
assurance-vie	inihua ora
attendre	tatari
Auckland	Ākarana / Tāmaki-makau-rau
aujourd'hui	tenei rā / i te rā nei

Australie	Ahiterēiria
autobus	pahi
automne	ngahuru
autour	i te taha
autre	atu (après le nom)
l'autre barque	te waka atu
avec	me
aveugle	kāpō
aviation	rererangi
avion	wakarererangi
avocat	rōia
avril	Āperira

B

bagage	kawenga
baie	whanga
baigner (se)	kaukau
balai	puruma
balayer	puruma
baleine	tōhora
balle	poi
bandit	kaitāhae
banque	pēke
banquet	hākari
barbe	pāhau
barrage	matatara
barrer (bateau)	tia
bas (femme)	tōkena
bateau	waka
basalte	onewa
bavarder	kōrerorero
beau	ātaahua
beau-père	hungarei
bébé	pēpi
belle-mère	hungarei
beurre	pata (de l'anglais *butter*)
bienvenue	pōwhiri
bijou	kahurangi
biologie	koiora

blanc	mā
blessé	whara
bleu	pūru
bleu ciel	kikorangi
boire / boisson	inu
bois (matériau)	rākau
bois de feu	wahia
bol	kūmete
boite	pouaka
bombe	pōma
bon	pai
bouche	waha
boucle d'oreille	whakakai
boue	poharu
boueux	pōharuharu
boulangerie	whare tunu parāoa
bouteille	pātara / pounamu
bracelet	kōmore
bras	ringa / ringaringa
brave	toa
brosse	paraihe
bruit / bruyant	hoihoi / turituri
brun / bronzé	pākaka / parauri

C

calendrier	maramataka
camion	taraka (de l'anglais *truck*)
camping	hōpuni
canal	wai tawaka
canard	rakiraki karo
cancer	mate pukupuku
cancer de la peau	mate kiri pukupuku
cap	kūrae / mātārae
capable (être)	ahei
capitaine (bateau)	kāpene (de l'anglais *captain*)
carrefour	rīpekanga
carte (géographie)	mahere whenua
casser	pakaru / whati-a
catastrophe	parekura

cave	rua
célèbre	rongonui
centre / central	rito
cercle	porohita
certificat	tiwhikete
cerveau	roro
chef	rangatira
chaise	nohoanga / tūru
chambre à coucher	rūma moe
chance (favorable)	waimarie
changer	puta kē
chant / chanter	oriori / waiata
chapitre	upoka
chaque	ia
chaque jour	ia rā ia rā
charbon	waro
charpentier	kāmura
chasser	whakangau
chasseur	kaiwhakangau
chat	ngeru
chaud	mahana / wera
chauffeur (voiture)	kaitaraiwa
chaussette	tōkena
chaussures	tumatakura / hū (de l'anglais *shoe*)
chef	ariki
chèque	tieke
cher (prix)	utu nui / nui te utu
chercher	rapu
cheval	hōiho
cheveux	makawe
chèvre	nanenane
chien	kurī
choix	kōwhiri
chômeur	koremahi
chou	kāpeti
ciel	rangi
cigale	kihikihi
cimetière	urupa
cinéma	whare pikitia
ciseaux	kutikuti

citron	rēmona (de l'anglais *lemon*)
cloture	putanga
code de la route	tikanga huarahi
cœur	ngākau / manawa
coiffeur	kaikuti makawe
colline	puke
combattre	whawhai
combien ?	hia ?
comestible	taea te kai
comme	me
commencer	timata / timata-ria
comment ?	pēwhea ?
commission	kāhui
comptable	kaikaute
compte	kaute
compter	tatau
concitoyens	tangata whenua
conduire	taraiwa (voiture)
congélateur	pātaka hukapapa
coquille Saint-Jacques	tipa / tupa
conserve (boite de)	tini (de l'anglais *tin*)
construire	hanga-ia
continuer	haere tonu
contraceptif	ārai hapū
contrôle	arotake
coopération	mahinga tahi
coq	tīkaokao
coquillage	anga / kaimoana (fruit de mer)
corail	wheo
corde	aho / taura
corps	tinana
corruption	utu whakapati
côte (rivage)	tātahi
côte (os)	rara
côté	taha
cou	kakī / tākakī
coucher	takoto
coude (du bras)	tuke / whatīanga
coup de pied	whana
coupe de cheveux	kutinga makawe

cour (maison)	atea
courant	ia / au / iahiko
courant de marée	ia tai
courir	oma
court	poto
coussin	urunga
couteau	māripi / naihi (de l'anglais *knife*)
coût	utu
coutume	tikanga
couverture (lit)	huru
crabe	pāpaka
craie	tīoka
crayon	pene rākau (*plume en bois*) / rākau tuhituhi (*bois à écrire*)
cresson	wāta kirīhi
crevette	koeke / tarawera / kōuraura
crime	hara
croire	whakapono
cru (pas cuit)	ota
cuillère	koko / pune (de l'anglais *spoon*)
cuire	tunu
cuisine (local)	kītini (de l'anglais *kitchen*)
cuisinier	tūmau / ringawera
cultiver	ngakia
culture maorie	māoritanga
cyclone	āwhā / huripari

D

danger	whakawhara
dans (prép.)	roto
danse	kanikani
dauphin	aihe
de (possession)	o / a
décembre	Tīhema / Hakihea
défense	waonga
dehors	ki waho (avec mouvement)
déjeuner (petit)	kai o te ata / parakuihi
déjeuner / dîner	tina (de l'anglais *dinner*)
demain	āpōpō

demander	pātai
dent	niho
dentifrice	hōpi niho
dentiste	tākuta niho
dépêcher (se)	whakahohoro
dernier	whakamutunga
derrière (prép)	muri
désirer	hiahia
désobéir	tīhoihoi
destination	ūnga
devant	mua
développement	tupunga
développer	whanake
dévoiler	hura kohatu, hura kowhatu
dictionnaire	papakupu
Dieu	Atua
difficile	uaua
difficulté	uauatanga
dimanche	Rātapu (*jour tabou*)
diocèse	pīhopatanga
directeur	kaiwhakahaere
dire	mihi
discours	mihi / kōrero
distance	mamao
divorce	wehenga tūturu
doigt	matikara
donner (à moi)	homai
donner (à quelqu'un)	hoatu
dormir	moe
douane	katimauhe
douanier	apiha o te katimauhe
douleur	mamae
doux	reka
drap de lit	hīti (de l'anglais *sheet*)
droite	matau
durer	ukauka / toe

E

eau	wai
école	kura / whare kura
écologie	toi potapotae
économie	ōhanga
écorchure	ipuipu
écouter	whakarongo
écrevisse	kēwai
écrire	tuhi / tuhituhi
éditeur	kaiwhakaputa pukapuka
éducation	mātauranga
église	whare inoi / hāhī
élection	kōwhiri
électricité	hiko
électricité hydraulique	hiko ā-awa
élève	ākonga
elle	ia
employer	whakamahia
enclos	pātiki
énergie	pūngao
enfant	tamaiti
enfants	tamariki
endormi	amoea
entrer	kuhu / tomo
ennemi	hoariri
enseigner	ako
ensemble	ngātahi
entreprise	umanga
entreprise privée	umanga ate
enveloppe (lettre)	kōpaki
envelopper	pōkai
environ	tōtahi
environnement	taiao
envoyer	tuku
épaule	pakihiwi
épinard	pūhā
équipe	kapa / tokotoko
équitable	tōkeke
escalier	arapiki
espadon	paea

espoir	tūmanako
esprit	wairua
essence (auto)	penehīni (de l'anglais *benzine*)
station d'essence	teihana penehīni
Est	rāwhiti
estomac	puku
et	me
etc.	te mea te mea
étendre	whakāmārōrō
été	raumati
étoile	whetū
étranger	tauiwi
étudiant	ākonga
Europe	Ūropi
Européen	Pākehā
eux	rāua / rātou
évêque	pīhopa
excellent	tino pai rawa atu
exemple	tauira
par exemple	hei tauira
expliquer	whakamārama(-tia)
extérieur	waho

F

fâché	riri
famille (sens large)	whānau
fatigue	rūhā
fatigué	ngenge
faux	he / teka
femme	wahine
femme (vieille)	kuia
fenêtre	matapihi
fer	rino
fer à repasser	haeana (de l'anglais *iron*)
fermer	kati
fesse	nono
feu	ahi
feu rouge	rama ārahi

février	Pepuere / Kohitātea
fièvre	kirikā
fiévreux	kauanu
filet (pêche)	kupenga
fille	kōtiro / tamahine
fille (jeune)	kōtiro
film	whiti āhua
fils	tama
finir	mutu
fjord	kokoru
fleur	pua / putiputi
flûte	koauau
foie	ate
fonctionnaire	kaimahi ā kāwanatanga
force / fort	kaha
forêt	ngahere
fougère	huruhuru whenua
fougère arborescente	kaponga
foule	mano
four	umu
four à micro-ondes	umu ngarungaru
fourchette	pāoka (de l'anglais *fork*)
fourmi	pokorua
fracture	whati
fraise	rōpere
français	Wīwī (de l'expression *oui-oui*)
frein	whakatū
froid	makariri
fruit	hua / huarākau (fruit d'arbre)
fruit de la passion	aka kaikū
fumée	auahi
funérailles	tangihanga

G

galerie d'art	whare whakāahua
garçon	tama
garde	kaitiaki
garder	tiaki
gauche (direction)	mauī

gaucher	mārehe
généalogie	whakapapa
glace (froid)	papahuka
glace (crème glacée)	aihikirīmi (de l'anglais *icecream*)
gorge (part du corps)	korokoro
gorge (montagne)	kāpiti
gouvernement	kāwatananga
graine	kakano
graisse	hinu
grand	nui / teitei
gras	mōmona
graine	kākano / pata / huri
grand	nui
grève	mutunga mahi / taraiki (de l'anglais *strike*)
grimper	piki
grippe	rewharewha
gris	kiwikiwi
groupe	rōpū / ope
grue (engin)	tokorangi
guerre	pakanga
guerre nucléaire	pakanga uruhanga
guerrier	toa
guider	ārahi(-na)

H

habiller (s')	kahu
habiter	noho
hache	toki
hanche	himu
harpon	rāti
haut	teitei
hélice (bateau)	hurirere
hémorragie	ākura
heure	wā
à l'heure	wā tika
heureux	koa / hari
hier	inanahi
histoire	kōrero nehe
hiver	hotoke

homme	tāne
hôpital	hōhipera (de l'anglais *hospital*)
hors de	waho
hospitalité	taurima
hôtel	hōtēra
hotesse de l'air	kaitaurima rererangi
huître	tio
humidité	mākū

I

iceberg	motu huka (*île de glace*)
ici	anei / konei
il	ia
île	motu / moutere
impatient	pōnānā
importation	o rāwāhi
impossible	kore e taea
incertitude	kumukumu
industrie	ahumahi
ingénieur	kaipūkaha
inquiétude	āwangawanga
inspecteur	kaititiro
interdire	rāhui(-tia) / whakakākore(-tia)
interdit	ārai
intérieur	roto
international	ā-taiao
intestin	whēkau

J

jade	pounamu
jaloux	pūhae
jambe	waewae
jambon	poaka tauraki (*porc sec*)
janvier	Hānuere / Huitanguru
jaune	kōwhai
je	ahau / āu
jeu	kēmu (de l'anglais *game*)
jeudi	rāpore / tāite

jeune	tamariki / punua
jeunes gens	matatahi
jeunesse	rangatahi / tahiohi
joue	paparinga
jouer	tākaro / purei-tia
jour	rā / rangi
journal	niupepa / nūpepa (de l'anglais *newspaper*)
juge	kaiwhakawā
juillet	Hūrae / Hōngongoi
juin	Hūne
jumping	peke
jus	tarawai
jus d'orange	tarawai o te ārani
jusqu'à	kia

L

lac	roto
laine	wūru (de l'anglais *wool*)
laisser	waihotia
lait	miraka (de l'anglais *milk*)
lampe	rama
lancer	porowhiu
langage	reo
langouste	kōura
langue (organe)	arero / ārero
langue maternelle	reo tupu
large	nui
larme	roimata
laver	horoi(-a)
légumes	huawhenua
lentement	āta
lever (se)	matike
lèvre	ngutu
lézard	moko
liberté	wāteatanga
librairie	whare pukapuka
libre	wātea
ligne (pêche)	aho / aho hī ika
limace	putoko

lin	rīnena
lire	pānui
lit	moenga
livre	pukapuka
loi	ture
long	roa
louer (location)	rēti
lourd	taumaha / taimaha
lumière	rama
lundi	Mane / Rāhina
lune	marama
lunettes	mōhiti
lunettes de soleil	mōhiti rā

M

ma (possessif)	taku / tōku
machine	mīhini (de l'anglais *machine*)
machine à laver	mīhini horoi kāhaku
machoire	kauae
mai	Mei
main	ringa / ringaringa
maintenant	āianei
mais	engari
maïs	kanga
maison	whare
majorité	nuinga
mal de tête	ānini
malade	mauiui /mate
maladie	tahumaero
maladie vénérienne	mate paipai
manifestation (foule)	whakatūtūranga
manger	kai
maquereau	tawatawa / tewetewe
marchander	utu ngāwari
marché	mākete (de l'anglais *market*)
marché (bon)	ngāwari / ngāwari te utu
marcher	hīkoi
mardi	Tūrei / Rātu
marée basse	timu

marée haute	pari
marin	heremana
marmite	kohua
mars	Rangatū
massage	mirimiri
mât (navire)	tokotū / tira
matelas	matarehi
matin	ata
mauvais	kino
médecin	rata / tākuta
media	pāho / pāpāho
mélange	pokepoke
mémoire	mahara
mentir	teka
menu (restaurant)	rārangi kai
mer	moana
merci	kia ora
mercredi	Rāapa / Wenerei
mère	whaea
mes (possessif)	āku / ōku
messe	miha (du latin *missa*)
meule	hoanga
microbe	ngārara moroiti / mea kitakita
miel	miere (du français *miel*)
mien	nāku
mille (1000)	mano
ministère	manatū / minitatanga
miroir	karāhe / whakaata
mobilier	taputapu o te whare
modèle	tauira
moderne	ēnei wā (*de ce temps*)
moelle	wai mongamonga
moi	au / ahau
mois	marama
moitié	haurua
mon	taku / tōku
monde	ao
montagne	maunga
montrer	whakaatu-ria
mort	mate

mort (nom féminin)	matenga
morue	pātutuki / pākikiri / rāwaru
mot	kupu
mouche	ngaro
mouchoir	aikiha / haikiha
mouiller (ancre)	tuku
moule (coquillage)	kūtai / kuku
mourir	hemo
moustique	ngaeroa
mouton	hipi (de l'anglais *sheep*)
mulet (poisson)	kanae
mur	pakitara
mûr	maoa
musée	whare taonga

N

nage	kaukau
national	ā iwi
nationalité	iwi tūturu
navet	tōnapi (de l'anglais *turnip*)
neige / neiger	huka
nez	ihu
neuf (9)	iwa
neuf, nouveau	hōu
nid	kohanga
noir	mangu / pango
nom	ingoa
nombre	nama (de l'anglais *number*)
non	kāo / kāore
Nord	tai tokerau
nourriture	kai / kainga
nous	mātou
novembre	Nōema / Whiringa ā-rangi
noyade	toromi
nu	tahanga
nuage	kapua
nucléaire	karihi
nuit	pō

O

observer	matakitaki
océan	moana
octobre	Oketopa / Whiringa-ā-nuku
œil	mata / kanohi
œuf	huamanu (*fruit d'oiseau*)
oie	kuihi
oignon	riki
oiseau	manu
ombre	marumaru
omelette	hēki kōrori
opération (chirurgie)	pokanga
or	koura
orange (couleur)	parakaraka, karaka
orange (fruit)	ārani
orchidée	tutukiwi
ordinateur	rorohiko
ordination	motuhanga
oreille	taringa
oreiller	urunga
organisateur	kaiwhakahaere
organisation	rōpū whakahaere
ormeau (abalone)	pāua
orphelin	tamaiti pani
orque	maki
os	wheua / iwi
ou	rānei (*placé après le nom*)
où ?	kei hea ? / hea ? / whea ?
où? (sans mvt.)	i hea ?
où ? (avec mvt.)	kō hea ?
d'où ?	no / na hea ?
oublier	wareware
Ouest	hauāuru
oui	āe
ouragan	taupoki
oursin	kina
ouvrier	kaimahi
ouvrir	huaki

P

Pacifique (océan)	moana nui ā Kiwa
pain	parāoa (de l'anglais *flour*)
paisible / paix	rangimārie
panier	rourou
papier	pepa (de l'anglais *paper*)
par	e
parapluie	amarara
parce que	mō te mea / nō te mea / ta te mea / i te mea
pardonner	muru(-a)
parents	matua
parler	kōrero / whaikōrero
partout	i nga wāhi katoa
passage à niveau	ararōau hīkoi
passeport	pukapuka uruwhenua
patate douce	kumara
peau	kiri
pêche (poisson)	ahumoana / hī ika / māngoingoi
pêche (fruit)	pītiti (de l'anglais *peach*)
peigne	heru
peinture	whakaahua
pénis	ure
penser	whakāro
perdu	ngaro
père	matua tāne
perroquet	kākā
personne	tangata
petit	iti
petit déjeuner	parakuihi
petit-enfant	mokopuna
peuple	tangata / iwi
peut-être	pea / ekene
phoque	pakakē
pied	waewae
à pied	mā raro (*avec le bas*)
pierre	kōhatu
pieuvre	wheke
pigeon	kererū

pilier	pou
place	wahi
plage	one
plaie	ipuipu
plaine	mānia
planche / plancher	papa
plat (nom)	tuhi
plein	kī / ora
pleurer	tangi
plonger	ruku
pluie	ua
il pleut	kei te ua
plume	piki
pneu	taea (de l'anglais *tyre*)
poële à frire	parai
poids	taimaha / taumaha
poignée	kakau
poil (s)	huruhuru
poisson	ika
poisson volant	maroro
poitrine	poho / uma
police / policier	pirihimana
politique	tōrangapū
pomme	āporo (de l'anglais *apple*)
pomme de terre	rīwai / parareka
pompe / pomper	mapu
pont	arawhata / arahanga / piriti
porc	puaka
porte	tatau / kuaha
porte-parole	māngai
poser	takoto
poste de police	teihana pirihimana
pot	hōpane
poteau	pou
poule / poulet	heihei
poumons	pukapuka
pour	mō / mā
pourcentage	ōrau
pourri	pirau

précaution	whakatūpato
prendre	tangohia / hopu
président	perehitini (de l'anglais)
presque	tōtahi
prier	inoi / karakia-tia
prière	inoi / karakia
printemps	kōanga
priorité (route)	tikanga
prison	whare herehere
prix	utu
problème	raruraru
proche	tata
professeur	kaiako
profession	umanga
promotion	tokonga
promouvoir	toko-na
propre	mā
proverbe	whakatauki
publier	pānui(-tia)

Q

quand ?	nōnahea? inahea?
quand	i te mea
quart	hauwhā
quel ?	tēhea ? (*pluriel* : ēhea)
question	pātai
qui ?	wai ?
ko wai koe ?	qui es-tu ?
quitter	haere atu
quoi ?	he aha ?

R

race	uri
racine (plante)	pakiaka
radar	irirangi whakaata
radio	reo irirangi
raie (poisson)	whai
ralentir	āta haere

ramer	hoe(-a)
ramper	ngaoki
rapide	tere
raser (se)	heu(-a)
rat	kiore
récif	toka pūkawa
récolte	hauhakenga / ngahuru
réfugié	hunga whakaruru
regarder	titiro / tiro
règles (femmes)	tahe
réincarnation	hoki wairua (*retour de l'esprit*)
rencontrer	tūtaki(-na)
rendez-vous	hui / tūtakitanga
rendre	whakahokia
réparer	tapitapi-tia
repasser (linge)	haeana (de l'anglais *iron*)
répéter	hokia anō / tukurua(-tia)
répondre	whakautu(-a)
réponse	whakautu
requin	mangō
requin marteau	kakere / mangō pare
requin (pointe blanche)	mangō taniwha / mangō tipi
réseau	whatunga
réservation	tāpuia
réservoir d'eau	kura puri
réunion	hui
réveillé	whakaohotia
réveiller	oho
revenu (argent)	rauemi
rhume	maremare / rewharewha
richesse	rangatiratanga
rire	katakata
rivage	ākau
roche	kōhatu
ronfler	ngongoro
rose (couleur)	mawhero
roue	tōhita / wīra (de l'anglais *wheel*)
rouge	whero / kura
rougeole	karawaka
route	huarahi / ara

réunion	hui
rivière	awa
riz	raihi
rocher	kōhatu
rugby	tākaro whutupōro (de l'anglais *football*)

S

sable	onepū / kirikiri
sac	pēke / kete
saigner	toto
salade	huamata
salaire	utu
sale	paru
salle de bains	rūma kaukau
samedi	Hātarei / Rā Horoi
sang	toto
sans	kāore / kore
sans sucre	kāore he huka
santé	oranga
santé mentale	oranga hinengaro
sauce	kīnaki
sauter	pekepeke
savoir	mōhio
savoir-faire	mōhiotanga
savon	hōpi (de l'anglais *soap*)
science	pūtaiao
sculpture	whakairo
sec	maroke
sécurité	maru
semaine	wiki (de l'anglais *week*)
semer	ruia
sentir	hongi(-a)
septembre	Hepetema
serpent	neke (de l'anglais *snake*)
serpillière	ūkui
ses (possessif)	ana
si	me / mehemea / ki te
SIDA	mate parekore / mate āraikore
siège	nohoanga

signature	hainatanga
signer	haina(-tia)
silence !	kupu kore !
sole	raututu / tarore
soleil	rā
sommet de montagne	tihi
son (possessif)	tāna / tōna / tana
sourcils	tukemata
sourd	pōturi
sous	raro
sous-développé	kōaha
sports	tākaro
sucre	huka (de l'anglais *sugar*)
Sud	tonga / runga
suivre	aru(-mia)
supermarché	ngā toa hokomaha
sur	runga

T

ta (possessif)	tōu / tōhau
table	tēpu (de l'anglais *table*)
tard	tōmuri
tasse	ipu
tatouage	moko
tatouer	tā moko
taxe	tāke
taxi	takihī
technicien	kaitoi
technique	toi
téléphone	waea (anglais *wire*)
télévision	pouaka whakaata / reo tātaki
témoin	kaititiro
tempête	āwhā
terminer	mutu
terre	whenua
testicule	raho
tête	māhunga / ūpoko
thé	tī (de l'anglais *tea*)
tiers	hautoru

tissage / tisser	whatu(-ria) / raranga
toilettes	whare iti / whare paku / whare mimi
toit	tuanui
tomate	tōmato
tomber	hinga
ton	tōu / tōhau
tortue	honu
tôt	moata
toujours	rite tonu
tourne-vis	huriwiri
tradition	tikanga
traducteur	kaiwhiringa reo
train	rerewhenua / tereina
tranquille	rangimārie
transporter	neke / kawe
travail / travailler	mahi
tremblement de terre	rūwhenua
très	tino (avant l'adjectif) / tonu / rawa
tribunal	rūnanga whakawā
troupe	ope
toît	tuanui
toujours	rite tonu
tourner	huri
tout	mea katoa
toux	wharo
traduire (en maori)	whakamāori
transporter	hari
travail	mahi
tribu	iwi
tribunal	kōti (de l'anglais *court*)
triste	pōuri
trou	poka
tu	koe
tuberculose	mate kohi-ā-kiko
tuer	patu(-a)
tuyau (arrosage..)	ngongo

U

ulcère	keha
un (1)	tahi
université	whare wānanga
urine / uriner	mimi
usine	rawa ahumahi
utile	whaipainga

V

vache	kararehe
vague (mer)	ngaru
vallée	awaawa
veau	kāwhe (de l'anglais *calf*)
vélo	paihikara (de l'anglais *bicycle*)
vendredi	hoko
vendredi	Rāmere / Paraire
vent	hauāuru
vent d'Est	hauwaho
vent d'Ouest	hau
vent du Nord	hauraro
ventilateur	hauhiko
verre à boire	ipu
vert	kākāriki / karera
vêtement	kākahu
viande	mīti (de l'anglais *meat*)
vide	puare / wātea (place)
vider	ringi(-hia)
vie	ora
vieux	koro / koroua / tawhito
vieillard	koro
vigne	aka
village	kāinga
ville	tāone (de l'anglais *town*)
vin	wāina (de l'anglais *wine*)
visiteurs	manuhiri, manuwhiri
vitesse	tere
voie	huarahi

voir	kite(-a)
voiture	waka / motokā
voix	reo
vol (délit)	tāhae
voler (en l'air)	rere
voleur	kaitāhae / whānako
vomir	ruaki
voyage	haerenga
voyager	tāwhe
vrai	tika

W
Wellington — Pōneke

Y
yeux — whatu
yoghurt — miraka tepe

Z
zéro — kore
zoo — rohe kararehe

Lexique maori-français

Nous avons placé entre parenthèses les suffixes verbaux (indiquant en général le passif du verbe) de leur radical. Ces suffixes verbaux ne sont pas pris en compte dans l'ordre alphabétique adopté. Les verbes sans suffixe gardent généralement la même signification ou ont une valeur nominale.
Selon les règles officielles de l'orthographe du maori, les préfixes et suffixes sont directement rattachés au radical et ne sont pas séparés par un tiret. Cependant il peut arriver que certains mots soient écrits en en séparant ou non les éléments constitutifs. Ainsi, *collègue* peut s'écrire **hoamahi** ou **hoa mahi**, ou encore *légume* qui peut s'écrire **huawhenua** ou **hua whenua**, ce qui perturbe l'ordre alphabétique.

A

a	1 *article placé devant les noms propres et les pronoms*
	2 *particule indiquant un futur*
	3 de / appartenant à
	4 puis
ā	1 et (*coordination de deux phrases*)
	2 *forme que prend* a *devant les pronoms* koe *et* ia
	3 *particule du possessif, pluriel de* tā
	4 à / sur / après un certain temps / jusqu'à
ā iwi	national
ā roto	à l'intérieur
ā taiao	international
ā tau	annuellement
ā waho	à l'extérieur
āe	oui
āe pea	oui, peut-être
aewa	mal à l'aise / étourdi
aha	quoi / quelle sorte ?

aha(-tia)	faire / ce qui peut être fait
ahaahatanga	démoralisation / crainte
ahahu	réunion pour arranger un mariage
ahakoa	quoique / tandis que / excepté / mais
ahakoa rā	malgré
ahau	je / moi
āhea ?	quand ?
āheahea	arc-en ciel
āhei	être capable / être possible / clavicule
ahi	feu
ahi kā	feu ardent (expression qui indique qu'une terre est occupée de façon habituelle)
ahiahi	après-midi / soir
Ahiterēiria	Australie
aho	ligne / corde / fil
ahotea	igname
ahu	affronter / tenir à quelque chose
ahu mai	résulter de
āhua	vraiment / apparence / forme / résultat / caractère / style / plan / tout à fait
āhua o te rangi	climat
Ahuahu	île Mercury
āhuareka	aimable / plaisant
āhuatanga	circonstances / facteur / aspect / type
āhuatanga mahi	méthode
ahumahi	industrie
ahumāra	horticulture
ahumoana	pêche
ahupūngao	physique (science)
Ahuriri	Napier
āhuru	poisson proche du mulet et de la morue
ahuwhenua	agriculture
ai	*particule* (usages divers, voir grammaire)
ai(-tia)	faire l'amour / relations sexuelles
āianei	maintenant / aujourd'hui
aihe	dauphin commun
aihikirīmi	glace / crème glacée (anglais *icecream*)
aikiha	mouchoir
āio / āiotanga	calme
Airihi	Irlandais (de l'anglais *Irish*)

aituā	accident / désastre / malchance / décès
aituā waka	accident d'auto
aka	plante grimpante / baie (dialecte du Sud)
aka kaikū	fruit de la passion
Ākarana	Auckland
ākau	rivage / côte / récif
ake	1 pour toujours / de bas en haut / authentique / même 2 *indique le temps proche* 3 *forme le comparatif de supériorité*
pai ake	meilleur
i mua ake	peu avant
tōku whare ake	ma propre maison
akeake	sorte de bois très dur / terres peu fertiles
akene	peut-être
ākene	bientôt
akiakitanga	motivation
akinga	force
āko(-na)	apprendre / enseigner
akoako	consulter
ākonga	étudiant / apprenti / disciple
ākoranga	leçons / études / apprentissage / programme
āku	mes (*possessif pluriel*)
Ākuhata	août
amarara	parapluie
āmio	tourner en rond
amo(-hia)	porter sur l'épaule
amokura	oiseau blanc à queue rouge
amuamu(-tia)	protester
ana	*particule du conditionnel* (*variante de* ina)
ana	grotte / repaire
āna	ses (*possessif, pluriel de* tāna) / c'est
anahere	ange (de l'anglais *angel*)
anake	seulement / seul
anei	ici / c'est ici
anga	confronter / coquille / coquillage / ouvrir une coquille / squelette
angaanga	squelette
ānini	mal de tête

āniwaniwa	arc-en-ciel
anō	de nouveau / encore / en réalité / comme si
anō hoki	aussi
anuhe tawatawa	marques sur le maquereau
ao	monde / nuage / devenir lumineux
ao ake / aonga ake	le jour prochain
aonui	motif de tissage en grands triangles
Aoraki	Mont Cook
Aotearoa	Nouvelle Zélande
Āperira	avril
āpiha	employé / officier (de l'anglais *officer*)
āpiti-tia	ajouter / auxiliaire / augmentation / filiale
āpōpō	demain
āporo	pomme (de l'anglais *apple*)
arā	c'est-à-dire / c'est / il y a
ara	route / sentier / système
ara ahutahi	voie à sens unique
ara raro	passage souterrain
araara	espèce de poisson (carangue)
arahanga	pont
ārahi(-na)	accompagner / guider / conduire
ārai	rideau / défense / interdit
ārai hapū	contraceptif
ārama	aluminium
Aranga	Pâques
ārani	orange (fruit)
arapiki	escalier
ararewa	ascenseur
ararōau	ligne de chemin de fer
ararōau hīkoi	passage à niveau
arata	laitue
arataki	directive / chemin à suivre
arawa	espèce de requin / pirogue légendaire
arawaru	anguille d'eau douce
arawhata	pont
Arekohu	île Chatham
arero	langue (organe)
ariā	sensation / atmosphère / théorie / concept / hypothèse / théorie / ressemblance
ariari	clair (discours) / net

ariari kore	incompréhensible
ariki	chef / prêtre / aîné de la famille
aroha	amour / sympathie / affection / pitié
ka aroha	désolé !
aroha whakamuri	nostalgie du passé
aroha(-ina) / aroha(-tia)	aimer / sympatiser
arokura	poisson lune
aronga	dans la direction de
aronui	cape traditionnelle finement tressée
arotahi	verre de lunettes / lentilles de contact
arotake	contrôle / vérification
aru(-mia)	suivre
aruhe	racine de fougère comestible
aruhe kōhere	pâte faite avec cette racine
ata	matin / image / reflet / ombre
āta	lentement / clair / *renforce le sens du verbe qui suit* (soigneusement)
āta haere	ralentir
ātaahua	beau / élégant
ata tū	juste après l'aube
atawhai	gentillesse / adoption
ate	foie / siège des émotions
atea	cour (maison)
ateroa	pancréas
ati hoki	vraiment
atu	*mouvement d'éloignement de celui qui parle* / autre
Atua	Dieu
au	je / moi / courant / aboyer
āu	1 vous (*pluriel de* tāu) 2 *équivaut à* a+au (de moi)
aua	1 ceux-là (pluriel de taua 2) 2 je ne sais pas
aua atu / auātu	peu importe
auahi	fumer / fumée
auau	fréquent / souvent / répété
aue !	hélas !
auē	crier / brailler
auēauē	crier à répétition
aumanga	cheminée

autāne	beau-frère (d'une femme)
auwahine	belle-sœur (d'une femme)
awa	rivière / mulet (poisson)
awaawa	vallée
āwangawanga	inquiétude / anxiété / tension
awatea	midi
awau	je / moi
āwhā	coup de vent / tempête
awhero	espoir / désir
āwhi / āwhina(-tia)	aider
āwhiowhio	tourbillon

E

e	*particule formant le présent ou le futur*
e...ana	*particules marquant l'action en cours*
e...kore	*voir* ekore
ehara...i	au contraire / *négation*
ehara tonu	y compris
ēhea ?	quel ?
eke-ngia	monter / grimper
ekore e	*forme le futur négatif*
ekore e mate	immortel
ēnā	ces (près de vous)
ēnei	ces
ēnei wā	moderne (*de ces temps*)
engari	mais / tandis que
ēra	ceux-là
ērangi	mais
ētahi	certains, quelques (*pluriel de* tētahi)
ētahi atu	autres / les autres (*pluriel de* tētahi atu)
ewe	utérus
ēwhea ?	quels ? lesquels ?

H

hā	respiration
haeana (-tia)	fer (de l'anglais *iron*) / repasser
haeana rāti	harpon
haehae(-a)	lacérer / défigurer

haepapa	responsable / responsabilité
haere(-tia)	aller
haere atu	s'en aller
haere mai	venir / bienvenue !
haere tonu	continuer
haerenga	voyage
hahae	être jaloux
hāhī	église
hahunga	rite funéraire (nettoyage des os)
hai	(*voir* hei)
haihana	sergent (de l'anglais *sergeant*)
haihiha	mouchoir
haika	ancre
haikiha	mouchoir
haina(-tia)	signer
Haina	Chine
Hainamana	chinois
hainatanga	signature
haka	danse maorie
hākari	festin
Hākari Tapu	eucharistie / messe / cène
Hakihea	décembre
haku	poisson (genre de carangue)
hāmama	ouvert (bouche) / être béant
hāmanu	cartouchière (de l'anglais *ammunition*)
Hāmoa	Samoa
Hāmutana	Hamilton
hamuti	déjection / crotte / toilettes
hānaki	casier en osier (pêche aux anguilles)
hanga	chose / construction
hanga(-ia)	construire / créer
hāngai	tout droit / en face
hanganga	création
hangarau	plaisanter
hāngi	four creusé dans le sol
hāngū	en paix / réticent
kupumahi hāngū	verbe passif
Hānuere	janvier (de l'anglais *january*)
hāora	heure (de l'anglais *hour*)
hao	anguille de boue

hao(-a)	pêcher au filet
hapanga	manque / défaut
hāparangi	crier
hapori	communauté / social
hapū	1 subdivision d'une tribu / villllage
	2 enceinte (femme)
hāpua	lagon
hāpuku / hapuka	espèce de mérou
hara	crime / péché / être faux
harakeke	lin / fibre végétale
haramai	venir / bienvennu / transit (marchandise)
hararē / hararei	vacances (de l'anglais *holiday*)
Haratua	mai
hari	heureux / joie
hari(-a)	transporter / apporter
harirū(-tia)	se serrer la main
Hātarei	Samedi (de l'anglais *Saturday*)
hātaretare	escargot
hau	vent / angle / coin / abri / fraction / rapport / gaz / excès / essence
hau kore	sans vent
hau takawaho	anti-cyclone
haua	je ne sais pas
hauātanga	handicap
hauātiu	vent du Nord-Ouest
hāuaua	pluvieux
hauāuru	vent d'Ouest / Ouest
hauhiko	ventilateur
haukū	rosée / mouillé / humide
haumi	alliance / alliés
hauora	santé
haupaoro	golf (sport)
haurua	moitié
hautoru	tiers
hauwhā	quart
Hawaiki	île de la mythologie d'où seraient venus les Maoris
hāwato	chenille
hāwhe	moitié (de l'anglais *half*)
he	*article indéfini*

he aha ?	quoi ?
he aha ai ?	pourquoi?
he tangata	un homme / quelqu'un / n'importe qui
hē	faux / péché
he aha ?	quoi ?
hea ?	où ?
i hea… ?	où… ? (dans le passé)
hei hea… ?	où… ? (dans le futur)
kei hea… ?	où… ? (dans le présent)
hēanga	erreur
Hehu Karaiti	Jésus-Christ
hei	1 *préposition* (*futur*) à / pour / en tant que
hei	2 haie (de l'anglais *hay*)
hei tiki	pendentif (en jade…) donnant un pouvoir
hei matau	pendentif en forme d'hameçon
heihei	poule / poulet / oiseau de basse-cour
heitara	accusation
heke(-a)	descendre / provenir de / migrer
hēki	oeuf (de l'anglais *egg*)
hēki kōrori	omelette
hemo	mourir
hemokai	affamé
heoi (anō)	cependant / mais / donc / c'est cela
heoi !	bien !
heoti	(voir heoi)
Hepetema	septembre
heramana	marin (nom)
here(-a)	attacher / nouer (cravate…)
herehere	captif / prisonnier
Here-turi-kōkā	août
heremana	marin (nom)
heru	peigne
heu(-a)	raser
hī(-ia)	pêcher à la ligne
hia ?	combien ?
hiahia(-tia)	désirer
hia inu	assoiffé
hia kai	affamé
hihi	rayon (de soleil…) / tentacule / plumes
hihiko	avide / ardent / vif

hihiwa	se concentrer
hihō	âne
hiki	asthme
hiko	électricité
hiko karihi	énergie nucléaire
hikohiko	faire des éclairs répétés
hīkoi	marcher / pas / marche
hikoiti	électronique
hiku	queue (poisson ou reptile) / suffixe
hīmoemoe	acide
hīmoemoe ngwha	acide sulfurique
himu	hanche
hina	cheveux gris / pâle (lumière, couleur)
hīnau	arbre (l'écorce donne une teinture rouge)
hine	jeune femme / mademoiselle
hinengaro	esprit / intelligence
hinga(-ia)	s'affaisser / tomber / disparaître
hinga atu	mourir
hinganga	perdu
hinu	graisse de baleine / huile / lubrifiant
hinuera	grès
hīoi	menthe
hipi	mouton (anglais *sheep*)
hīra	bouclier
hira	important
hiranga	excellence / importance
hiranga ate	supériorité
hiringa	énergie
hiriwa	argent (métal)
hīru	sceau
Hiruhārama	Jérusalem (localité de l'île du Nord)
hīti	drap de lit (de l'anglais *sheet*)
hiwa	attentif / foncé (couleur)
hoa	ami / compagnon / épouse
hoa kaipakihi	associé / partenaire
hoa kōhine	petite amie (*girl friend*)
hoa mahi	collègue
hoa tata	voisin
hoahoa	schéma / diagramme / architecture
hoake	donner / aller

hoaketanga	destination
hōanga	meule
hoariri	ennemi / adversaire
hoatu	donner (à quelqu'un)
hoe	rame, pagaie
hoe(-a)	ramer
hōhā	lassé de / fatigué
Hōhepa	Joseph
hōhipera	hôpital (de l'anglais *hospital*)
hōhonu	profond / impressionnant
hohore	absurde
hohoretanga	déficience
hohoro	rapide
hoi	sourd / cérumène / très loin
hōia	soldat
hōiho	cheval
hoihoi	bruit / ne faites pas de bruit
hoka	1 morue rose / haddock
	2 s'élever / voler
hōkaka	désir (généralement sexuel)
hoki	et / aussi / parce que / en vérité
a hoki rā	plus ou moins
hoki	gros poisson de mer comestible
hoki(-a)	revenir / rentrer / répéter
hoki atu / hoki mai	revenir / rentrer
hoki wairua	réincarnation
hokia anō	répéter
hokihoki	revenir souvent
hokinga	retour
hoko(-na)	acheter
hoko(-na) atu	vendre
hokohoko	échange / réciproque / alterner / commerce / faire ses courses
hokomaha	boutique / supermarché
hōmai	donner (à moi)
hongi(-a)	sentir / salut (*les nez en contact*)
hongi kāpia	sniffer de la colle
Hōngongoi	juillet
honi	miel (de l'anglais *honey*)
hono(-a)	connecter / brancher

hono tonu	continuel
hononga	alliance / chaine (montagnes) / connection tiret / relations
honu	tortue
hōpane	pot / saucière
hope	ceinture, taille (milieu du corps)
hopetea	murex (gastéropode)
hōpi	savon (de l'anglais *soap*)
hopu(-kina)	attraper / enregistrer (disque…)
hopu reo	récepteur radio
hopū	enflé
hōpua	lagon
hōpuapua	cavité / bas-fond
hopuhopu	mulet (poisson)
hōpuni	camping
hora	étendu / toît tombant
Hōrana	Pays-Bas (de *Holland*)
hōrite	égaliser / être égal
horo(-a)	tomber / s'écrouler / éboulement
hōro	hall (de l'anglais *hall*)
horoi / horoi(-a)	laver / nettoyer
horoi kākahu	blanchisserie
horoi ringiringi	douche
horomi(-a)	avaler
Horomona	Salomon
horowai	chute d'eau
hōtēra / hōtēru	hôtel
hotete	espèce de papillon (sphynx)
hoto	bêche en bois (outil) / préposition
hōtoke	hiver
hotu	sanglot
hōu / hou	nouveau / neuf
hū	chaussures / bouillonner
hua	fruit / production / résultat / intérêt
hua rākau	fruit (*fruit d'arbre*)
hua kuae	ovaires
huahua	viande confite
huahuatanga	schéma / diagramme
huaki(-na)	ouvrir
huamanu	œuf (*fruit d'oiseau*)

huamata	salade
huangō	asthme
huaora	vitamine
huarahi	route / voie / chemin
huarau	fougère rampante
hūare	salive
huarere	temps / météorologie
huata	javelot court
huatau	élégant / bien élevé / style / élégance
huawhenua	légumes (*fruits de la terre*)
huhu	asticot, ver / larve / coléoptère
huhū	clameur
huhunu	jaunisse
huhunu-tia	piller / pillage
hui	réunion
hui-ā-tau	réunion annuelle
hui pānui	conférence de presse
Hui-tanguru	février
hūia	ancien oiseau (recherché pour ses plumes)
huihui	assembler
huka	sucre (de l'anglais *sugar*) / neige
hukarere	neige
hukutawa	espèce d'arbre
hūmārie	paisible / beau / modeste / charmant
hunaonga	gendre / belle-fille
Hune	juin
hunga	peuple / assemblée / usé / flétri
hunga whakaruru	réfugié
hungawai	beau-père / belle-mère
hura-ina	découvrir / dévoiler
Hūrae	juillet
huri	graine
huri(-hia)	tourner / changer
huri noa	être autour
hurihuri	cercle / rotation
huripari	cyclone
huripuru	tire-bouchon
hurirere	hélice (bateau)
huritau	anniversaire
huriwiri	tourne-vis

huru kōhatu	cérémonie un an après le décès
huruhuru	chevelure / poils / moyens (financiers…)
huruhuru whenua	fougère
hūti(-a)	lever (ancre) / hisser (voile)
hūwai	coquillage (espèce de coque)
hūware	salive

I

i	1 à / à partir de / *forme les prépositions composées* 2 *particule de l'accompli* (*temps du passé*)
i hea ?	où ? (sans mouvement)
i mua noa atu	il y a longtemps
i muri iho	peu après
i te mea	parce que
ia	1 il / elle / lui / mais / chaque 2 courant (eau) / tendance
ia tai	courant de marée
ia toto	pression sanguine
iahiko	courant (électrique)
iaia	veine / artère / muscle / nerf
iaia manawā	artère
Iharaira	Israël
iho	de haut en bas / cordon ombilical / essence / noyau / *forme des comparatifs*
Īhoa / Īhowa	Jéhovah / Seigneur
ihu	nez
Īhu	Jésus
ihupuku	consciencieux / économie / inexpérimenté
ika	poisson
ike	haut
ikura	hémorragie
īmera	e-mail
inā	si / quand (*particule du conditionnel*)
inahea ?	quand ? (dans le passé)
inahi	écaille (poisson)
inaianei	juste maintenant / aujourd'hui
inanahi	hier
inanga	petit poisson d'eau douce (friture)

inaoake	il y a deux jours / récemment
inaoake nui	il y a trois jours
inapea	probablement
inapō	hier soir
Ingarangi	Angleterre
ingoa	nom
ingoa(-tia)	donner un nom
inihua	assurance
inihua ora	assurance vie
inohi	écaille de poisson
īnoi(-a)	prière / prier / demander
inu	boire
inu-mia	boisson
io	1 muscle / tendon / nerf
	2 brebis (de l'anglais *ewe*)
io peke	tendon d'Achille
io whatu	nerf optique
ipu	bouteille / tasse / verre à boire
irāmutu	neveu / nièce
iri(-a)	suspendre
iriiri	rite de naissance / baptiser
iriiritanga	baptême
irikaka	porte-manteau
irirangi whakaata	radar
iti	petit
itinga	minorité / enfance
iwa	neuf (9)
iwi	tribu / peuple / os
iwi tūturu	nationalité

K

ka	*particule du début de l'action ou du futur*
kā	déjà / différent / étranger / à la place de
kā	voiture (de l'anglais *car*)
kāeaea-tia	lorgner
kāeo	espèce de coquillage
kaha	tonneau / puissance
kaha	fort / force / santé / *adverbe qui renforce l'action* (*devant le verbe*)

kia kaha	bon courage !
kahawai	1 sorte de saumon / truite de mer
	2 index (de la main droite)
kaheru	bêche / couronne de fleurs pour le deuil
kahikatea	grand conifère (70 mètres) au bois tendre
kāhore	sauf / à l'exception de / zéro
kāhore...anō	*forme le parfait négatif* / pas encore
kāhore he wāhi	nulle part
kahu	manteau / région / couche
kāhui	troupeau / commission
kahurangi	bleu / bijou / trésor / dame de haut rang
kai	1 manger / nourriture
	2 *forme dialectale de* kei
kai hea rānei	n'importe où
kai o te ata	petit déjeuner
kaiako	professeur
kaiao	vivant
kaiārahi	guide / chef
kaiatua	sorcellerie / magie noire
kaiāwhina	assistant
kaihanga	créateur / fabricant
kaihanga parāoa	boulanger
kaihe	âne
kaihī	pêcheur
kaihoe	rameur
kaihokohoko	commerçant / colporteur
kaihūmārie	pacifiste
kaikaunihera	conseiller (nom)
kaikaute	comptable
kaikōmako	espèce de bois de feu
kaimahi	ouvrier / employé
kaimeke	boxeur
kaimoana	fruits de mer / coquillages
kainga	nourriture / repas
Kainga Tahitanga	communion (religion)
kāinga	village
kāinga noho	adresse
kāinga o te māngai	ambassade
kainoho kōkuhu	squatter
kaioha	bienfaiteur / socialiste

kaiora	créature
kaioraora	chants traditionnels
kaipāho	présentateur (radio, TV.) / conducteur (électricité)
kaiponu(-hia)	garder pour soi
kaipūkaha	ingénieur
kaipuke whaiwhai wēra	baleinier (bateau)
kairuku	plongeur
kaitāhae	voleur / bandit
kaitangata	cannibale
kaitaraiwa	chauffeur (voiture)
kaitaurima reretangi	hôtesse de l'air / steward
kaitautoko	partisan / supporter / sponsor
kaitiaki	gardien
kaititiro	inspecteur / témoin
kaitohutohu	conseiller (nom) / coach
kaituku	donneur / traitre
kaituku toto	donneur de sang
kaitukumahi	employeur
kaitukurawa	exportateur
kaiwhakahaere	organisateur / directeur / administrateur
kaiwhakamara	sécurité
kaiwhakangau	chasseur
kaiwhakapae	accusateur
kaiwhakaputa pukapuka	éditeur
kaiwhakatangi	musicien
kaiwhakatangipiana	pianiste
kaiwhakatau	arbitre
kaiwhakatipu	producteur
kaiwhakatūpato	responsable / autorité
kaiwhakatūtū	manifestant
kaiwhakawā	juge / juré
kaiwhakawātanga	jugement
kaiwhakawhānau	sage-femme
kaiwhatu	tisserand
kaiwhiore	inceste
kaiwhiringa reo	traducteur
kākā	perroquet
kākahu	vêtements / cape traditionnelle
kakama	rapide / initiative

kākano	graine / noyau
kākanorua	biculturel
kākāpō	perroquet nocturne
kakara	parfum / odeur agréable
kākāriki	1 petit perroquet vert ou gris / perruche
	2 vert
kakau	poignée
kake(-a)	grimper / dépasser / battre
kakenga	ascension
kakere	requin marteau
kakī	1 cou
	2 inflammation
kākuhi	moule d'eau douce
kama	rapide
kāmahi	grand arbre de Nouvelle-Zélande
kamo	œil
kamokamo	moëlle / concombre
kamupene	compagnie / entreprise
kāmura	charpentier
kanae	mulet (poisson)
kānataraki	contrat (de l'anglais *contract*)
kānga	maïs / céréales
kānga waru	pain de maïs
kani(-a)	scie / scier
kanikani(-tia)	danser (du français *cancan*)
kanohi	œil / apparence / face / représentant
kānuka	grand mānuka au bois dur inaltérable
kānuku	embrayage
kāo	non / sans
kaokao	côte (anatomie) / latéral / côté
kāore	*voir* kāo
kāore anō	pas encore
kāore he huka	sans sucre
kapa	colonne / rangée / équipe
kapakapa	sauterelle / criquet
kāpana	pomme de terre
kape(-a)	rejeter / séparer / oublier
kāpene	capitaine (de l'anglais *captain*)
kapetā	espèce de requin (roussette)
kāpeti	chou

kapiti	défilé / crevasse / col (montagne)
kāpō	aveugle
kaponga	fougère arborescente
kāpōtanga	cécité
kapua	nuage
kara	collier / couleur / drapeau
karāhe	miroir
karahipi	bourse scolaire (de l'anglais *scholarship*)
Karaiti	Christ
karaka	1 montre / horloge (*de l'anglais : clock*)
	2 espèce d'arbre (bois tendre)
	3 orange (couleur des fruits de l'arbre)
karakia	prière / incantation / service religieux
karamū	espèce d'arbre
karamui(-a)	grouiller
karanga	récitation chantée des femmes
karanga(-tia)	appeler quelqu'un / avoir une parenté
kararehe	mammifère / animal / vache / bétail
karatī	genre de daurade
karawaka	rougeole
kare	ami / ride / fourneau
kārearea	faucon
karera	vert
karere	messager
karetao	marionnette
kari(-a)	bêcher / piocher / creuser
kāri	jardin
karihi	noyau / nucléaire
karihika	immoral / érotique
kāriki	ail (de l'anglais *garlic*)
kariri	se mettre en colère
karoro	sorte de mouette
karu	œil
kāruhiruhi	cormoran noir et blanc
kātahi	maintenant / pour la première fois / puis
kata-ina	rire
katakata	rire
katao	froid (eau)
katate / katete	phoque
kāti(-a)	fermer / c'est assez / arrêtez

kāti ūhanga	gardien de but
katipō	araignée venimeuse du bord de mer
kato(-hia)	cueillir (fleurs…) / marée montante
katoa	tous / tout
kātote	fougère arborescente
kau	vache (de l'anglais *cow*)
kau	nu / seulement / groupe / maths
kau(-ria)	nager
kau aihe	brasse papillon
kaua	*forme l'impératif négatif / négation*
kauae	mâchoire / menton / poutre
kauaka	*forme l'impératif négatif / négation*
kauanga	gué
kauhanga	intervalle / passage / espace libre
kauhanga raro	tunnel
kaukau	se baigner / nager / nage
kaukauranga	piscine / baignoire
kaumatua	grands-parents / ancêtres
kāunga	bernard l'hermite
kaunihera	conseiller (de l'anglais *counsil*)
kaupapa	base / idée / concept / politique
kaupare atu	détourner
kaupare(-tia)	changer de direction / attirer l'attention
kauri	grand pin typique de Nouvelle Zélande
kāuta	cuisine (local)
kaute	compte / facture (de l'anglais *account*)
kawa	aigre / acide / amer / bénéficiaire / cérémonial / protocole
kāwai	lignage / tentacule de pieuvre
kawakawa	espèce d'arbre (« arbre à poivre »)
kāwana	gouverneur (de l'anglais *governor*)
kāwatananga	gouvernement
kawau	grand cormoran
kawe(-a)	porter / apporter / portable
kawe irarangi	poste transistor
Kawenata Hou	Nouveau Testament
Kawenata Tawhito	Ancien Testament
kawenga	bagage / charge / responsabilité
kawereo	récepteur téléphonique
kāweru(-tia)	appâter

kāwhe	veau (de l'anglais *calf*)
kāwhi	café
kāwhi pēhia	expresso
kē	*particule de manière* (différence)
kē atu	autre
tangata kē	étranger (personne différente)
keha	ulcère
kei	1 *préposition* à / dans (dans le présent) / *préfixe de l'agent* / sinon / à moins que 2 ne pas (*impératif négatif*) 3 poupe (navire)
kei hea ?	où ?
kei kō	là-bas
keke	cake (de l'anglais)
kēkē	aisselle
kekeno	phoque / lion de mer
keo	cible / glace (glacée)
kerekere	très sombre
kererū	pigeon
keri(-a)	creuser
kēroa	moustique
kete	sac / pannier
kēwai	écrevisse
ki	à (*préposition marquant la direction*)
ki te	si
ki te mea	dans ce cas / si
kī	plein
kī(-a)	dire
kia	*particule exprimant un souhait* / pour / dans le but de / de telle sorte que / à chaque fois que / si
kia ora	salut ! / merci
kia tere	dépêche-toi / continue
kiekie	épiphyte à baies comestibles
kīhai…i	*forme le passé négatif*
kihi	baiser (de l'anglais *kiss*)
kihikihi	cigale / donner un baiser
kiko	chair
kikorangi	bleu ciel
kimi(-hia)	évaluer / chercher

kimo	clignement
kina	oursin
kīnaki	sauce / complément / condiments
kīnaki(-tia)	garnir / mettre avec
kino	mauvais
kiore	rat
kiri	peau / cuir
Kirihimete	Noël (de l'anglais *Christmas*)
kirikau	nu
kirikiri	gravier / sable
kirīmi	crème (de l'anglais *cream*)
kiromita	kilomètre
kite(-a)	voir / découvrir / reconnaître
kite-ā-kanohi	voir de ses propres yeux
kiwi	oiseau symbole de la Nouvelle Zélande
kiwikiwi	gris
kō	là-bas / vers (préposition)
kō atu	côté éloigné
kō mai	côté proche
kō hea ?	où ? (avec mouvement)
koa	heureux / joie
koā	*particule intensive de manière* / s'il vous plaît
kōaha	immature / sous-développé
kōanga	printemps
koaro	poisson d'eau douce
koata	quart (de l'anglais *quarter*)
kōauau	flûte nasale
koha	cadeau / participation (finance)
kōhanga	nid / nurserie
kōhanga reo	école maternelle en maori (*nid de langue*)
kōhatu	roche / pierre
koheru	espèce de maquereau
kohi(-a)	rassembler
kōhia	fruit de la passion
kohikohi	se rassembler
Kohitātea	janvier
kohitū	tuberculose
kōhoperoa	coucou à longue queue
kohu	brouillard

kōhua	marmite / pot
kohukohutanga	blasphème
kōhungahunga	bébé
kōhuru	meurtre / trahison
kōhurutanga	meurtre
kōhuru-tia	assassiner
koia	en vérité / dans ce cas / voici
koianā (koia nā)	c'est cela / n'est ce pas ?
koiora	biologie / biologique / vie
koioranga	biographie
kōiro	congre
kōkako	espèce de corbeau
kōkiri	champion / conduire / offense / attaque / poisson à peau dure (leatherjack)
koko	cuillère / pelle
kokohi	épinard local
kokonga	coin / recoin
kōkopu	poisson d'eau douce (genre truite)
kokoru	baie / fjord
kokowhāwhā	anchois
kōkuhu	débuter / inaugurer / introduire
kōmakō	espèce d'oiseau (bell bird)
kōmihana	commission (de l'anglais *commission*)
kōmore	bracelet
kōmukumuku	récurer / frotter
konā	là, près de vous
kōnae	panier tressé / espèce de four / diarrhée
konana	penché
konei	ici (près de moi)
kōnenehu	bruine / crachin
konekone	timide
kōnui	pouce / gros orteil / 2cm de long
kōpae	cercle / disque / cercle des tropiques
kōpae matua	disque dur
kōpae pīngore	disquette informatique
kōpaki	enveloppe (lettre)
kopi	point (signe de ponctuation)
kopipiko	point-virgule
kōpio	sphère
kopirua	deux points (signe de ponctuation)

kōpito	mal de ventre
kōpū	abdomen / utérus / Vénus (planète)
kopukopu	morue bleue
kōpura	tubercule
kōpūtōtara	diodon / poisson armé
korā	là-bas
korapa	cage
kōrau	espèce de fougère arborescente
kore	siffler / rien / zéro / vide / *négation*
kore atu	pas possible
kore e taea	impossible
e kore anō	plus jamais
koreke	espèce de caille
koremahi	chômeur ('pas travail')
kōrepo	marécage
kōrero	parler / discours
kōrero nehe	histoire
kōrero tuku iho	légende
kōrero whakangahau	plaisanterie
kōrerorero	bavarder
korimako	sorte d'oiseau (bellbird)
kōripi(-a)	couper (en tranches)
koro	vieux / vieil homme
Koro	grand-père (familier)
koroa	index (de la main gauche)
kōroke	constipation
korokoro	gorge (partie du corps)
kororā	petit manchot bleu
korōria	gloire (de *gloria*)
koroua	vieillard
korowai	manteau maori en plumes
korowhāwhā	anchois
koru	pousse de fougère / symbole de la Nouvelle-Zélande / élément du tatouage
Koru Aotearoa	Air New Zealand
kōrua	pronom
kōtahi	un (1)
kotahitanga	unification
kōtare	sorte de martin-pêcheur
kōti	tribunal (de l'anglais *court*)

kotiate	massue courte en os
kotikara	ongle (de doigt ou d'orteil)
kotira	pousser / germer
Kōterana	Ecosse (de *Scotland*)
kōtiro	fille
kōtore	fesse / virer de bord (bateau)
kōtore moana	anémone de mer
kōtou	vous (parler de la côte Est)
kōtuku	héron blanc / ornement d'oreille en spirale
kōtukutuku	fuchsia
kōtutu(-tia)	conserver (dans la graisse, cuisine)
kōura	langouste
kōuraura	crevette
koutou	vous tous
kōwhai	jaune / petit arbre à fleurs jaunes
kowhaiwhai	dessins rouges et noirs stylisés
kōwhaki(-na)	éplucher
kōwhatu	pierre
kōwhiri	élire / choix / élections
kowhiti	ouvrir (coquillage)
kōwhiuwhiu	éventail
kua	*particule verbale du parfait* (action récemment achevée)
kūaha	porte
kuāka	oiseau migrateur (barge)
kūare	ignorant / imbécile
kūhā	cuisse
kuhu(-ngia)	entrer / cacher / mettre un vêtement
kuhu tāhae	contrebande
kuia	vieille femme
kuihi	oie
kuku	moule (coquillage)
kūkutai	moule verte
kūmara	patate douce
kume	asthme
kumu	fesse
kumukumu	incertitude / grondin (poisson)
kumete	bol
kunekune	porc domestique gras et rond
kūpae	sprat

kupenga	filet de pêche
kupu	message / texte / mot
kupu kore	silence ! (« pas de mot »)
kupu ruarua	phrase
kupu waitohu	mot de passe
kupumahi	verbe
kupumahi hāngū	verbe passif
kura	1 trésor / plumes rouges
	2 école
kura puri	réservoir d'eau
kura tuarua	« high school »
kura wai	réservoir d'eau
kūrae	cap (géographie) / promontoire
kurī	chien
kuru	fruit à pain / lancer
kurukuru	pépite
kurupae	traverse (chemin de fer)
kurutai	1 saumâtre
	2 grue (oiseau)
kūtai	moule (coquillage)
kutikuti(-a)	tondre / ciseaux
kutukutu	toile / réseau (web) / dérouler
āta kutukutu	graduellement
manu kutukutu	cerf-volant
kūwaha	grande porte / bouche
kūware	ignorant
kūwhā	*voir* kūhā

M

mā	et / pour / venir / chemin / à travers
mā (+ locatif)	par quel moyen
mā	blanc / propre / pour / au sujet de
ma….e	*particules de formation du futur*
mā tātou	pour tous
Māehe	mars
māero	mile (de l'anglais *mile*)
maha	beaucoup / quantité
māha	satisfait
mahana	chaud

mahanga	piège / collet
māhanga	jumeaux / jumelles
mahara(-tia)	se souvenir / mémoire
mahau	porche / hutte
māhau	pour vous
māhauhau	abri
mahere	plan / carte (géographique)
mahi-a	travail / travailler
mahi-ā-ringa	travail manuel
mahi kai	faire la cuisine
mahinga	travail / activité / opération / éventualité /cultiver
mahinga tahi	coopération
māhiti	cape traditionnelle en poils de chien
māhoe	arbuste de bord de mer
mahue	abandonné / séparé / négligé
māhunga	tête / chevelure
Mahuru	septembre
māhuruhuru	rémora / poisson-pilote
Māhutonga	Croix du Sud
mai	*mouvement vers celui qui parle*
māia	guerrier / être brave / héro / compétition / confiant / jeu
maihara	muscle
māika	espèce d'orchidée (tubercule comestible)
maikiroa	catastrophe
maikuku	ongle (des doigts)
maioha	tact / délicat / accueillant / reconnaissant
maioro	terrassement / fortification
māipi	genre de lance en bois (*voir* : taiaha)
maire	espèce de bois assez dur
maka(-ia)	placer / lancer
makariri	froid / hiver
makaurangi	empreinte digitale / spirale
makawe	cheveux
makere	tomber
mākete	marché (de l'anglais *market*)

maki	singe / orque
makoa tai	marée basse
makomako	arbuste ressemblant au cassis
mākona	satisfait / rassasié
mākū	humide / humidité
māku	pour moi
makuku	inactif
makuru	abondance
mākutu	sorcellerie
mamae	douleur
māmāika	tubercule comestible de la māika
mamaku	fougère arborescente comestible
mamao	distance
mamaoa	vapeur / plat cuit à la vapeur
mana	force vitale / pouvoir psychique / autorité / influence / intégrité / estime
mana hapori	socialisme
mana matatuhi	destin
mana moana	droit sur les pêches traditionnelles
mana motuhake	indépendance
mana tangata	droits de l'homme
mana whenua	droit sur les terres traditionnelles
manaaki	respecter / bénir
manaakitanga	bénédiction
manaia	être mythique à tête d'oiseau et corps humain / hippocampe
manako-hia	espérer / désirer
manatū	ministère
mānawa	mangrove / annulaire
manawa	cœur / souffle
manawa o te ringa	pouls
manawa-nui	patient / persévérant
Mane	lundi (de l'anglais *Monday*)
manene	exilé / migrant
manga	branche / cours d'eau
mangā	barracuda
māngai	porte-parole / avocat / délégué / ambassadeur
māngere	paresseux / haricot vert grimpant
mangō	requin

mangō pare	requin marteau
mangō ripi	espècede requin à longue nageoire
māngoingoi	pêche à la ligne
mangu	noir
mānia	plaine / plateau
manioro	clameur
mano	mille (1000) / grande foule
manoao	espèce d'arbre (silver pine)
manu	oiseau
manu kutukutu	cerf-volant
mānu	flotter
mānuka	agiter / arbre à thé (feuilles employées pour des infusions, bois dur et lourd)
mānukanuka	anxiété / tension / troublé
manukura	chef / directeur / leader
manurere	avion
manuwhiri	visiteur
māoa	cuit / mûr
maoka	cuit / mûr
maomao	poisson bleu des profondeurs
māori	ordinaire / normal
moe māori	mariage traditionnel
rongoā māori	médecine douce, naturelle
wai māori	eau douce, fraîche
māoritanga	culture maorie
māota	vert / toujours vert / jeune pousse
māpere	medium (de la main gauche)
mapu(-a)	pomper / pompe
māra	jardin / terre cultivée
marae	lieu de rencontre / place de village / campus / ancien temple polynésien
marakihau	sirène mythique
marama	mois / lune
mārama	clair / lumineux / prénom de fille
māramataka	calendrier
maranga	se lever
marangai	pluie / vent d'Est
kai te marangai	il pleut
marara	parapluie
marau(-a)	se souvenir

mārau	fourchette
māreikura	femme noble
maremare	rhume
mārena	mariage
mārie	paisible
maringi	fendre
māripi	couteau
mārire	bienfaisant / doucement / non-violent
maro	sorte de kilt maori
māro tonu	tout droit (direction)
mārō	indescriptible / intransigeant
upoko mārō	têtu
mārohirohi	fort / efficace
maroro	poisson volant
maru	sécurité / abri
marumaru	ombre
mata	œil
matā	obsidienne
matahīapo	précieux
mataī	espèce de pin noir
mātai	étudier / examiner
mātaitai	salé / saumâtre
matakawa	acide (goût)
mātakitaki	observer / inspecter
matakōkiri	météore
mataku	peur
mātāmua	premier né / aîné
mātāmuri	dernier né
matangi	vent léger / brise
mātao	froid
matapihi	fenêtre
matapō	aveugle
mātāpono	principe
mātārae	cap (géographie)
matarau	harpon à plusieurs pointes
mātātā	petit oiseau des marais à longue queue
matatahi	jeunes gens
mātātahi	mineur (âge)
matatara	barrage
Matatiki (Te)	dictionnaire du maori contemporain

matatū	précis / soigneux / attentif / indestructible
matau	droite (direction) / hameçon
mātau	nous
mātau(-ria)	savoir
mātauranga	intelligence / éducation / savoir-faire
tohu mātauranga	diplôme
mātauranga-ā-whenua	géographie
mātāwaka	bateau mythique des premiers Māoris / ethnique
mate	malade / mort
mate ate kakā	hépatite
mate huka	diabète
mate kai	mourir de faim
mate kiri pukupuku	cancer de la peau
mate kohi	tuberculose
mate paipai	maladie vénérienne
mate parekore	SIDA
mate pukupuku	cancer
mate ruriruri	épilepsie
mate tūtohu	allergie
matenga	mort / manque / défaite
mātenga	tête
materoto	avortement
matihe	éternuer
matikara tohu	index
matimati	doigts / orteils
matira	canne à pêche
matongongoro	espèce de coquillage (tiger shell)
mātou	nous
matua	parents / adulte / capitale / central
matua tāne	père
mātua	parents / en premier / bataillon
matuku	espèce de héron
mau(-ria)	apporter / fixé / tenir bon
mau patu	arme
māu	pour vous
mauī	gauche (direction)
maui	dessin stylisé de l'hameçon de Maui
māuiui	fatigué / malade
maumahara	se souvenir

maunga	montagne
Maunga Uika	North Head
Maunga Whau	Mount Eden
Maungakiekie	One Tree Hill
Maungarei	Mount Wellington
maungā rongo	amnisie / traité de paix
mauri	principe vital / force
maurutanga	dépendance
mawhero	rose (couleur)
me	si / *particule de l'impératif* (*que l'action doit être faite*) / comme
mea	chose / événement / présence / faire / envisager / espace de temps
i te mea	quand
te mea te mea	etc.
mea ake	présentement
mea katoa	tout
mea kitakita	microbe
mea ngaro	mystère
mea noa	médiocre
mea ora	organisme vivant
mea pai rawa	meilleur
mea tuatahi	priorité / urgence
mea uaua	difficulté
meamea	bâtard
mehemea	si
Mei	mai
meinga	réputé
mekameka	chaîne
mekemeke	boxe
mema	membre (de l'anglais *member*)
mema o te komiti	membre du comité
meneti	minute
mere	massue de guerre en os
Mere	Marie
Merika	Amérique
mero	petit
metemea	comme si
mīere	miel (du français *miel*)
Miha	messe

miharo	admirer / s'étonner de / incroyable
mihi	admirer / salut / remercier / discours
mīhini	machine / moteur
mīhini hauhuti	aspirateur
mīhini hiko	électronique
mīhini horoi hau	climatiseur
mīhini horoi rīhi	lave-vaisselle
mīhini ngōngō	aspirateur
mīhini tuitui	machine à coudre
mimi	urine / uriner
mimituruturu	incontinence
whare mimi	toilettes
mīmimi	incontinent
minihare	1 missionnaire (de l'anglais *missionnary*)
	2 anglican
mimiti	assécher / s'évaporer / exterminer
Minita	ministre (de l'anglais *Minister*)
mira	moulin (de l'anglais *mill*)
miraka	lait (de l'anglais *milk*)
miraka tepe	yoghurt
miraka(-tia)	traire
miro	coton / fil
mita	rythme / intonation / bonne prononciation
mīti	viande (de l'anglais *meat*)
mīti tahu	confit (viande conservée dans sa graisse)
mō	pour / au sujet de
mō te mea	parce que
moa	grand oiseau coureur disparu
moana	mer / océan
moana Ranatiki	océan atlantique
moana Tāpokopoko	mer de Tasman
moata	tôt
moe(-a)	dormir / épouser
moemoeā	rêve
moeone	sorte de poisson (black bass)
mohimohi	genre de sardine / pilchard
mōhio(-tia)	savoir / comprendre
mōhio tūturu	être certain
mōhiotanga	connaissance / savoir-faire / compréhension

mōhiti	lunettes
mōhiti rā	lunettes de soleil
moka	bout / extrêmité / bord / limite / extrême
Mōkena	Morgan
moki	espèce de poisson (poisson trompette)
mōki	radeau / toboggan
moko	tatouage / tatouer / lézard
moko kākāriki	lézard diurne vert
mokopāpā	lézard nocturne
mokopuna	petit-enfant
mōku	pour moi
momohe	doucement
mōmona	gras
mōna	pour lui (elle) / à son sujet
moni	argent (de l'anglais *money*)
morihana	poisson rouge
mōteketeke	mal / mauvais
mōtoi	boucle d'oreille
motokā	voiture
motomoto	boxe
mōtoro(-tia)	séduire
motu	île / ilot
motu huka	iceberg
motu(-hia)	sevrer / libérer / échappé
motuhake	séparer / spécial / extra
mana motuhake	droit d'auto-détermination
motuhanga	ordination (religion)
mōu	pour vous / pour toi
moutere	île
mua	front / devant / ancien
muinga	fléau / peste
muka	fibre extraite du lin de Nouvelle-Zélande
he muka	publication trimestrielle en maori
mumura	flamme / feu d'artifice
mura	flamme
muri	Nord / derrière / futur / plus tard
muru(-a)	piller / effacer / pardonner
mutu	finir / raccourcir
mutunga	fin / conclusion / conséquence
mutunga kore	éternel / infini

mutunga mai	extrême / dernier
mutunga mahi	grève
mutunga rawa	maximum
mutunga wiki	week-end

N

nā	appartenant à / au moyen de
nā hea ?	d'où ? (provenance, *voir* no hea)
na	ce...ci (*démonstratif placé après le nom qui marque la proximité de l'interlocuteur dans le temps ou l'espace*)
na....i	*particules de formation du passé* (encadre le sujet de la phrase)
nā te mea	parce que
nāianei	maintenant / actuellement
naihi	couteau (de l'anglais *knife*)
nāku	le mien / mien
nakunaku	morceaux / miettes / incohérent
nama	nombre (de l'anglais *number*)
nama waea	numéro de téléphone
namu	mouche des sables
nāna	son, sa
nana	herbe marine
nanahi	hier
nanakia	fierté / enfant terrible
nanenane	chèvre
natemea	parce que
nau	venir
nau mai	bienvenu !
nāu	ton / ta
nē ?	*souligne une question* / n'est-ce pas ?
neherā	il y a longtemps / ancien
nehu	poussière
nehunga	enterrement
nei	ce...ci (*démonstratif placé après le nom qui marque la proximité du locuteur dans le temps ou l'espace*)
neinei	plante ressemblant à l'ananas

neke	1 transporter
	2 serpent (de l'anglais *snake*)
niho	dent
niho kauoro	molaire
nīkau	palmier de Nouvelle-Zélande
niu	poteau rituel hauhau (voir : religion)
Niu Ia	Nouvel An (de l'anglais *New Year*)
Niu Tireni	Nouvelle-Zélande
nō / no	de / appartenant à
no….e….ana	*particules de formation du temps continu dans les subordonnées*
no hea ?	d'où ? (provenance)
no reira	c'est pourquoi / désormais
no te	quand
nō te mea	parce que
noa	jusqu'à / libre / licite / sans tabou / en vain
noa atu	tout à fait
noa iho	seulement
noanoa	sans religion
Nōema	novembre
nohinohi	petit / mignon
noho	s'asseoir
noho(-ia)	habiter
noho kōkuhu	s'établir
nohoanga	chaise / siège / selle
nohonga	habitat
noke	ver
noke parāoa	spaghetti ('ver de farine')
nōna	son / sa
nōnahea	quand
nonakuanei	il y a peu de temps
nonanahi	hier
nonapō	la nuit dernière
nono	fesse
nonohi	petit (*pluriel de* nohinohi)
nui	grand / nombreux
nui ake	plus / davantage
nui atu	plus / davantage
nui rawa	excessif
nui te utu	cher (prix)

nuinga	grand nombre / majorité
nuinga tāngata	population
nuku	nature
nuku-hia	déplacer / déménager
nukunuku	mouvement
nunui	*pluriel de* nui / très grand
nūpepa	journal (de l'anglais *newspaper*)

Ng

ngā	*article défini pluriel* : les
ngaeroa	moustique
ngahere	forêt
ngāherehere	forêts
ngahororo	libre
ngahuru	automne / récolte / dix (10)
Ngāi	titre de tribu
ngaio	1 arbuste de bord de mer / ver
	2 expert / soigneux
ngākau	cœur / sentiment
ngākau kino	vicieux
ngākau rua	indécis
ngaki(-a)	cultiver / désherber / venger
ngākihi	coquillage (espèce d'huître)
ngakinga	sarclage
ngakinga mate	vengeance
ngako	graisse
ngakototo	cholestérol ('graisse du sang')
ngamu	mouche des sables
ngāngā	respirer / aspirer
ngangau	agiter / tumulte / querelle
ngao	avoir du goût / palais (dans la bouche)
ngaoki	ramper
ngārahutanga	discussion / délibération
ngārara	reptile / insecte / lézard monstrueux mythique / bactérie
ngārara moroiti	microbe
ngārara timo	scorpion
ngārara wehi	fougère rampante
ngaro	absent / perdu / caché

ngaromanga	perte / disparition
ngaru	vague (mer) / onde (radio)
ngāruru	espèce de coquillage (turban shell)
ngata	escargot
ngātahi	ensemble
ngau(-a)	mordre / ronger / infecter
ngau puku	mal d'estomac
ngāwari	aimable / bon marché / facilement / doux
ngāwari noa	modéré
ngāwari te utu	bon marché
ngāwhā	source chaude (géothermale)
ngawhātia	submerger
ngawhewhe	usé / épuisé
ngenge	fatigué
ngeri	manteau / récitations pour lever un tabou
ngeru	chat
ngira	aiguille
ngirungiru	petit oiseau (gobe-mouche)
ngohengohe	faible / doux
ngohi	poisson (en général, *voir* ika)
ngoi	force
ngoikore	faible (*force-pas*)
ngōiro	congre
ngongo	absorber / tuyau / tube
ngongo wai	tuyau d'arrosage
ngongoro	ronfler / ronflement
ngū	calmar
nguha	fiierté
nguru	petite flûte recourbée à 2, 3 ou 4 trous
ngutu	lèvre / entrée

O

o	de / appartenant à
ō	tes (*possessif, pluriel de* tō) / de (*particule de possession, au pluriel*)
oati(-tia)	serment / prêter serment
ōhanga	économie / développement économique
oho(-kia)	réveiller
oka(-ina)	poignarder / couteau de boucher

Oketopa	octobre
okioki	repos / pause
oko	bol / plat / récipient
ōku	mes
oma / oma(-kia)	courir / s'échapper
ōna	*possessif 3ème personne*
onamata	ancien / il y a longtemps
one	plage / sol
oneone	sol / terre
onepū	sable
oneuku	argile
onewa	basalte
ongaonga	sorte d'ortie arborescente
ono	six (6)
ope	troupe, force armée / groupe
ope taua	armée
ora	bien (adverbe) / vie / santé
oranga	bien-être / santé
oranga hinengaro	santé mentale
ōrau	pourcentage
oriori	chant traditionnel de jeunes garçons
oro	son / écho
oro kati	consonne
oro puare	voyelle
orokotīmatanga	tout début
Oropi	Europe
ota	cru (pas cuit)
otahua	aubergine
otaota	plantes / végétation / herbes
Otautahi	Christchurch
Otepoti	Dunedin
oti	fini / achevé
otīa	mais / d'autre part
otirā	mais / cependant
ōu	tes (*possessif pluriel*)
oumu	chaudron
Owairaka	mont Albert

P

pā	village fortifié / groupe / troupeau / atteindre / hameçon
pā(-ngia)	attraper / trouver / découvrir / être frappé (maladie)
pā (ana) ki	concernant
pā peiāhara	poste de police
pā penihīni	station d'essence
pā raro	en bas (escalier)
pā runga	en haut (escalier)
paamu	ferme
pae	région / poutre / perche
paea	espadon / éruption cutanée
paenga	limite / frontière / périphérie / seuil
paenga kore	sans limite
Paenga-Whāwhā	avril
paepae	seuil / récipient / caisse / corbeille / linteau de porte sculpté / filet pour la pêche à la drague / lieu d'où l'on parle sur un marae
pāhau	barbe
pahi	autobus
pahī	cottage / camp / groupe de visiteurs
Pāhia	Iran (de *Persia*)
pāho	publier / émettre / média
pahū	gong en bois pour l'alarme / exploser
pahū karihi	bombe atomique
pahūtanga	bombardement
pahuikaroa	genre de rascasse
pahure	passer par
pai	bon / bien / vertu
pai(-ngia)	approuver / bénir
paihau	aile / barbe
ika paihau	poisson-chat
paihikara	vélo (de l'anglais *bicycle*)
paikea	espèce de baleine
painga	avantage / ce qui est bon / bonté
paipa	pipe
Paipera	bible (de l'anglais)
pākākā	brun / orange foncé / phoque
pakanga	guerre

pakanga uruhanga	guerre nucléaire
pakapaka	sec / cuit au four
pakari	adulte / en bonne santé
pakaru	casser / cassé
pākarukaru	ruine / épave
pākaukau	os de l'épaule / cerf-volant (jeu)
pākehā	européen / non maori
pākeho	argile
pākehokeho	glissant
pakeke	âge / adulte / difficile
pakeketanga	majorité (âge)
paki	beau (temps) / énigme / peste
paki-a	châtier / corriger / donner une tape
pakiaka	racine (d'une plante)
pākihi	défricher
pakihiroa	vent du Nord-Est
pakihiwi	épaule
pākiki	curieux, désireux d'apprendre
pākikiri	morue
pakipaki	applaudissement / coup de tonnerre / battement d'aile
pākira	chauve
pakiri	émail
pakitaha	bordure
pakitara	mur
pakiwaitara	histoire / folklore
pakiwhara	maladie vénérienne
paku	morceau / un peu / croûte (plaie)
whare paku	toilettes
pakū	exploser
pakūnga pū	coup de fusil
pakupaku	petit / minuscule
pākurakura	poisson rouge semblable à la vieille
pāmu	ferme
kaimahi pāmu	fermier
pānakenake	plante rampante
panana	banane
pane	cachet de la poste / sujet (grammaire)
pane uruwhenua	visa
paneke	but (foot) / / pannier (basket)

pāngarau	mathématiques
pāngia	frappé (par une maladie, *passif de* pā)
pango	noir (symbole des non-nobles)
pani(-a)	graisser
pani ngutu	rouge à lèvres
panoni	transformer
pānui	lire / annoncer / avis / programme
pānui kai	menu (restaurant)
pānui(-tia)	publier
pānuitanga	publication
pānuitanga hoko	publicité commerciale
pānuitanga mate	avis de décès
panunu	glisser
panunu tio	patinage sur glace
pao	chants traditionnels d'agrément
paoho	alerter / donner l'alarme
pāoka	fourchette (de l'anglais *fork*)
paopao	couvée / bavardage
papa	planche / plancher / champ / boite
papa autō	champ magnétique
papa hoū	boite pour ranger des plumes
papa kāinga	terrain à construire
papa kōmaru	panneau solaire
papa pekengaru	planche de surf
papa rererangi	aéroport
papa retihuka	ski
papa tenehi	court de tennis
papa tuhituhi	tableau noir
Papa	dieu terre-mère (voir Rangi)
Pāpā	père (appellation familière)
pāpaho	media
pāpahu	marsouin
papai	*pluriel de* pai / très bon
pāpaka	crabe
papaki	giffle / applaudissement
pāpaku	peu profond / bas / superficiel
papakupu	dictionnaire
papango	un peu noir (*dérivé de* pango)
pāpapa	buisson aux baies comestibles
paparahua	table de cuisine

pāparakauta	hôtel / maison publique
pāpāringa	joue
papu	pompe
para	racine comestible (fougère, orchidée..)
pāraerae	sandales maories en chanvre tressé
Paraire	vendredi (de l'anglais *friday*)
parareka	pomme de terre
paparinga	joue
parahau	justifier / justification
parāhi	brosse
pārai	poêle à frire
paraikete	couverture (de l'anglais *blanket*)
paraihe	brosse
Paraire	vendredi
parakuihi	petit déjeuner (de l'anglais *breakfast*)
parani	brandy (de l'anglais)
Parani	France
Paranihia	Polynésie
parāoa	pain / farine (de l'anglais *flour*) / sperme de baleine
parauri	brun / bronzage
parekura	catastrophe / bataille
pāremata	parlement (de l'anglais *parliament*)
parengo	algue comestible
parēra	canard sauvage
pari	monter (marée) / marée haute
pari uma	soutien-gorge
pārongo	appareil auditif / stéthoscope
parore	genre de perche (poisson)
paru	sale
paruparu	boue / sale
pata	beurre (de l'anglais *butter*)
pātai(-a)	demander / question
pātaka	armoire / grenier sur pilotis sculpté
pātaka hukapapa	congélateur
pātangaroa	étoile de mer
pātara	bouteille (de l'anglais *bottle*)
pātere	chants traditionnels / projet
pata	beurre (de l'anglais *butter*)
pātiki	sole / enclos

pātiki rori	sole
pātiki tōtara	flétan
pātītī	herbe / gazon
pātōtara	fougère ressemblant au persil
patu	massue en bois / arme
patu(-a)	battre / tuer
patukinga	frapper avec répétition (porte)
pātutuki	morue
pau	usé / épuisé
pāua	abalone / ormeau / cuiller (pêche à la ligne)
paunga o te wiki	week-end
pē raka	comme cela (*voir* pērā)
pea	peut-être
peara	perle (de l'anglais *pearl*)
peiāhara	police
pā peiāhara	poste de police
peka	branche / saison
pekapeka	chauve-souris
pēke	1 sac
	2 banque (de l'anglais *bank*)
peke(-a)	sauter (sport)
pekengaru	surf (sport nautique)
pēnā	comme / ainsi / de cette façon
pene	stylo (de l'anglais *pen*)
penehīni	essence (pour auto, de l'anglais *benzine*)
pēnei	ainsi / comme / penser / faire l'hypothèse
pēnei	comme
penihana	retraite (de l'anglais *pension*)
pēniho	pâte dentifrice
pepa	papier (de l'anglais *paper*)
pepeha	présentation / proverbe / dicton
pēpeke	grenouille
pēpepe	papillon
Pepuere	février
pera	oreiller (de l'anglais *pillow*) / coussin
pērā	ainsi / autant / comme cela
perehipiteriana	presbytérien
perehitini	président (de l'anglais)
pereti	assiette (de l'anglais *plate*)

peruperu	sorte de haka (avec armes)
pete	sauter
Petekoha	Pentecôte
pēti	lit (de l'anglais *bed*)
Pewhairangi	baie des Iles
pēwhea / pēwhea-tia ?	comment ?
pia	bière (de l'anglais *beer*) / étudiant
pihe	chant funéraire
pīhoihoi	passereau
pīhopa	évêque (de l'anglais *bishop*)
pīhopatanga	diocèse
pika	virgule
pikauranga	charge / fardeau
piki	grimper / aller au secours / plume
piki mai	à l'aide
pīki	grand (de l'anglais *big*) / figue (de *fig*)
pikitia	peinture / film (de l'anglais *picture*)
piko(-a)	plier / virgule
pikopiko	pousses de fougère / escargot
pikorua	guillemets
pīngao	herbe des dunes de sable
pīni	haricot (de l'anglais *bean*)
piopio	insulte
Piopiotahi	détroit de Milford
pipi	grand coquillage genre palourde / outil pour le tatouage fait avec sa coquille
Pipiri	juin
pīpīwharauroa	espèce de coucou migrateur
pīrangi	fou / stupide / à côté de quelqu'un
pīrangi(-tia)	désirer
pirau	pourri / véreux
pire	loi (de l'anglais *bill*)
piri	se cramponner / cacher
pirihi	prêtre (*voir* piriti)
pirihimana	police / policier (de l'anglais *policeman*)
Pirimia	Premier Ministre (de l'anglais *Premier*)
piriota	billard (de l'anglais *billiard*)
Piritene Nui	Grande Bretagne
piriti	prêtre (de l'anglais *priest*)
piro	intestin / essai (rugby)

pītiti	pêche (fruit, de l'anglais *peach*)
pītore	montrer ses fesses (geste injurieux)
piupiu	jupe de danseuse
pīwaiwaka	pigeon-paon à queue en éventail
pō	nuit / mort / enfer
poaka	porc / sanglier
poaka tauraki	jambon (*porc sec*)
poaka uwha	truie
poari	conseil d'administration (de *board*)
pōhā	récipient fait avec des algues
poharu	trou boueux
pōharuharu	boueux
pōhēhē	faute / erreur / troublé / embarrassé
pōhēhē(-ngia)	mal comprendre
pōhēhētanga	incompréhension
poho	poitrine
pohū	bombe / explosion
pōhue	liseron
pohutukawa	espèce d'arbre (« arbre de Noël »)
poi	balle (en fibre de roseau) / sphère
Poihākena	Sydney (de *Port Jackson*, ancien nom)
Poipiripi	Melbourne (de *Port Phillip*)
poka	trou / opération chirurgicale
poka(-ina)	opérer (chirurgie)
poka(-ia)	faire une incision
pōkai	replier / croiser
pōkaitia	envelopper
pokapū	centre (cible…) / agence
pōkarekare	bouillonner
poke	foule
pokepoke	mélange
poko	trou / battu / défait
pokohiwi	épaule
pokorua	fourmi
pōma	bombe (de l'anglais *bomb*)
pōnānā	pressé / impatient
Pōneke	Wellington (de *Port Nick*)
ponga	espèce de fougère
pono	vrai / valide / principe / intégrité / honnête
pononga	serviteur / esclave / assistant

pōpokorua	fourmi de Nouvelle-Zélande
porehu	mystérieux
pōriro	illégitime / bâtard
poro	couper / tranche
porohita	cercle / roue
porokawa	immangeable
poropiti	prophète (de l'anglais)
poroporo	arbre à pain
poroporo(-tia)	élaguer / couper à la hache
poroporoaki	chants traditionnels d'adieu
porotiti	cercle / roue / disque
porotiti o te rorohiko	disquette informatique
porotū	grève (arrêt du travail)
porowhiu	lancer
poru	boue
potae	chapeau / roi
potanga	dégât / dommage
poti	bateau (de l'anglais *boat*)
pōti(-tia)	vote (de l'anglais *vote*) / voter
poto	court (*pluriel* : popoto)
pōturi	sourd / lent
potutukawa	espèce d'arbre au bois tendre
pou	poteau / pilier / colonne / arche
pou whenua	longue massue faite d'une côte de baleine
pouaka	boite
pouaka whakaahua	caméra
pouaka whakaata	poste de télévision
pounamu	jade / bouteille
pourea	terrasse / plateforme
pōuri	triste / sombre / mal / s'excuser
poutāpeta	poste (de l'anglais *Post-Office*)
poutoko	lion de mer
Poutū-te-rangi	mars
pōwhaitere	espèce de perruche
pōwhiri	souhaiter la bienvenue
pū	fusil / tube / source (énergie)
pū mīhini	mitrailleuse
pua	fleur / graine
puaki	dire / révéler
puarangi	hibiscus

puare	vide / creux / trou
pūaroha	désir amoureux
puehu	poussière
pūeru	vêtement
pūhā	cresson
pūhae / pūhaehae	jaloux / jalousie / envieux
pūharekeke	murène
puhi	plume
pūhia	gonfler / enfler / bomber
puhipuhi	orné de plumes
puihi	sauvage (animal)
pūioio	dur / musclé / maigre (viande…)
puka pūoru	musique
pūkāea	sorte de trompette
pūkahatanga	ingénierie
pukahu	remplir
pūkakā	enfer
pūkana	faire des grimaces effrayantes
pukapuka	livre / annuaire / poumons / littérature
pūkawa	récif
puke	colline / pubis
pūkeko	poule d'eau / expérimenter
pukepuke	monticule
pukeri	violent (vent)
pūkohu	brouillard / mousse (végétation)
pūkoro ure	préservatif
puku	ventre / estomac / tumeur / silencieux
pukumaire	corps d'armée / défense
pukupuku	manteau de guerre maori / bénin / cancer
pūmanawa	software (informatique) / ingénieux
pūmatua	majuscule (imprimerie)
pūmau	permanent / toujours / défini
pūmau tonu	éternel
pūmautanga	permanence
puna	source (d'eau)
pune	cuillère (de l'anglais *spoon*)
punga	ancre / finance
moni punga	capital
pūngao	énergie
pūngao karihi	énergie nucléaire

pungapunga	cheville (pied)
pungarehu	cendres
pungatara	soufre
pungawerewere	sorte d'araignée
puni	camp / compagnie
punua	jeune (pour les animaux)
pūnui	sorte de chou
pupū	bouillir
pūpū	gros bigorneau vert olive (cat's eye)
pupuhi	tirer (arme à feu) / varices
pupuhi(-tia)	gonfler / enfler
pupuhi(-a)	souffler (vent)
pupuri	tenir / retenir / détenir
pupuru	cailler (lait)
pūranga	archive
purapura	graine / semence
purei-tia	jeu / rapide
pūremu	adultère
purēre	moteur / machine / s'échapper
purēre whakaahua	photocopieur
purēre whakaroto	rayons X
purērehua	papillon
pūriki	minuscule (imprimerie)
puriri	espèce d'arbre
pūrongo	tonneau / baril / message / information
puru	rassis (pain) / bonde (tonneau)
puru(-a)	boucher / mettre dans un trou
pūru	taureau (de l'anglais *bull*)
purukamu	espèce d'arbre / eucalyptus
puruma	balai (de l'anglais *broom*)
puruma-tia	balayer
purupuru	burin
pururua	feuillage dense / densité
puta	ouverture / sortie / vagin
pūtahi	centre / carrefour
pūtahi-tia	se rejoindre
pūtaiao	recherche / science
pūtake	solution / raison / racine
putanga	accès (à un lieu) / édition / apparence
pūtangitangi	canard très coloré (canard de paradis)

pūtao	veuf
putatara	conque (servant d'instrument de musique)
pūtea	budget / finance / compte / banque
putiki	chignon traditionnel des hommes
putiputi	fleurs
putoko	limace
pūtōrino	flûte
pūwaiwhakarua	labre écarlate (poisson)
pūwaro	hydrocarbone
pūwerewere	*voir* pungawerewere
pūwhē / pūwha	épinard

R

rā	soleil / jour
rā tō	soleil couchant
rā tū	midi
ra	ce…là (*démonstratif placé après le nom qui marque l'éloignement des locuteurs dans le temps ou l'espace*)
Rāapa	mercredi
rae	front (partie de la tête)
rahi	grand
Rāhina	lundi
raho	testicule
Rāhoroi	samedi
rāhui	troupeau
rāhui-tia	interdire / quarantaine
raihi	riz (de l'anglais *rice*)
rāiti	lumière (petit soleil)
raka	serrure
rākau	arbre / objet en bois
rākau tuhi	crayon (bois à écrire)
raki	Nord
ki te raki	vers le Nord
rakiraki	canard
Rakiura	Stewart Island
rama	lumière / lampe
rama ārahi	feu de circulation / feu rouge
Rāmere	vendredi

Ranana	Londres
rane	ou (*voir* rānei)
ranea	abondant
rānei	ou / soit...soit.. / ni... ni...
kai hea rānei	quelque part
rangahau	recherche scientifique
rāngai	s'élever
rangatahi	1 jeunesse
	2 filet de pêche neuf
rangatira	chef / employeur / riche / maitresse / première classe
e aku rangatira	Mesdames et Messieurs
Rangatū	mars
rangi / ranginui	ciel / paradis
Rangi	dieu ciel-père (voir Papa)
rangimārie	paisible / tranquille
rango	mouche à viande
rangona	sentir / entendre
rankikini	épices
rapa	bois large et plat pour pagaie ou bêche
Rāpare	jeudi
rape	tatouage des cuisses ou des fesses
rapu(-a)	chercher
rapu mate	faire un diagnostic
rara	côte (os) / phrase
rarahi	*pluriel de* rahi
rārangi	ligne / colonne / texte / liste
rārangi kai	menu (restaurant)
rārangi nama waea	annuaire du téléphone
raraunga	données (informatique...)
raro	Nord / en-dessous / bas
perehitini o raro	vice-président
mā raro	à pied
rarohenga	enfer / séjour des morts
rārongi	catalogue / série / rangée / distance
Rārua	mardi
raruraru	problème / difficulté / coût
rata	docteur / amical / fraternel
rātā	espèce d'arbre (genre myrte)
Rātahi	lundi

rātāhuihui	poisson à grosse tête (sunfish)
rātana	lanterne / religion fondée au XXe siècle
Rātapu	dimanche
rātau	ils / elles / eux / leur
rāti	harpon
rātō	Ouest
rātonga	service / distribution / diffusion
rātou	ils / elles / eux / leur
Rātoru	mercredi
Rātu	mardi
rau	cent (100) / feuille / lame / plume
rāua	ils / elles / eux / leur
rauangi	fin (épaisseur)
rauemi	ressource / revenu
rauhanga	astuce / tromperie
rauhuia	lin / chanvre
Raukawa	détroit de Cook
raumati	été
raupatu	conquête (militaire) / confiscation (terre)
raupō	roseau
raurau	chaume
raututu	sole
rawa	1 propriété / chose / ressource / bénéfice
	2 très (après l'adjectif)
rāwahi	outre-mer / à l'étranger / exportation
o rāwahi	importation (de l'étranger)
rawāru	espèce de morue (blue cod)
rawe	suffisant / spécial / excellent / comique
Rāwhā	jeudi
rāwhāra	voile de canoë
rauwhare	chaume (couverture de toît)
rāwhiti	Est / oriental
rāwhitu	semaine
rea	pousser / s'élever
rēhita	register (de l'anglais *register*)
rēinga / reinga	lieu des morts / enfer / saut
reira	là / puis / déjà dit
nā reira	c'est pourquoi
nō reira	c'est pourquoi
rehu	poudre / spray

reka	doux
Rēkohu	îles Chatham
reme / rēma	agneau
rēmana	citron (de l'anglais *lemon*)
rengamutu / rengarenga	sorte d'épinard
reo	langue / voix
reo irirangi	radio
reo tātaki	télévision
reo tupu	langue maternelle, vernaculaire
reorua	bilingue
repe	glande / espèce d'huître
repe pupuhi	oreillons
reperepe	dot / sorte de poisson (elephant fish)
rere	voler (dans l'air)
rerehua	fantaisie / beau
rerehuka	skier
rerekē	différent / inhabituel / changer de direction
rerekētanga	différence / contraste
rerenga	vol (avion) / voyage / trajectoire / évadé / s'échapper / phrase
rererangi	avion / aviation / aérien
rerewhenua	train
reta	lettre (de l'anglais *letter*)
rēwena	levure
rewharewha	rhume / grippe
riki	petit
rīki	oignon
rikiriki	hétéroclite / disparate
rima	cinq (5)
rimu	algue
rimurapa	algue géante
rimurimu	algues / mousse
ringa / ringaringa	bras / main
ringawera	cuisinier (*main chaude*)
ringi(-hia)	vider
rino	fer
rīpeka	croix / fruit de la passion
Rīpeka Whero	Croix Rouge
rīpekanga	carrefour
riri	fâché / en colère

riri tara whare	guerre civile / conflit familial
ririki	petit (*pluriel de* riki)
rite	semblable / égal / comparable / relation
rīwai	espèce de petite pomme de terre
rō	mante religieuse
roa	long
roanga	prolongement / addition / continuation
rohe	terre tribale / frontière / région / local
rōhutu	genre de myrte
rōia	avocat (de l'anglais *lawyer*)
roimata	larmes
romiromi	massage
rongo	paix / information / expérience / obéir
Rongo Pai	Evangile (*bonne nouvelle*)
Rongo	dieu de la paix et de l'agriculture
rongo-ia	entendre / sens
rongo nui	bien connu / célèbre
rongoā	médicament / herbes médicinales
rongoā whakanoa	antidote
rongoā whakarehu	somnifère
rongoā whakatikotiko	laxatif
rongoā whakawairangi	drogue
rongonui	célèbre
rongorongo	entendre / écriture de l'île de Pâques
rōpere	fraise (de l'anglais *strawberry*)
rōpū	groupe / conseil (administration)
rōpū tōingo	communauté homosexuelle
rōpū whakahaere	organisation (institution)
rori	route
taha rori	accotement
rorirori	stupide / fou / voyou
roro	cerveau
roroa	grand (*pluriel de* roa)
rorohiko	ordinateur / calculateur
roto	lac / intérieur
rourou	petit panier
rua	deux (2) / grotte / cave / trou / boite
rua waro	mine de charbon
ruaki	vomir
ruānuku	aîné / sage / sorcier

rūhā	épuisé / usé / fatigue
Ruhia	Russie
rui(-a)	disperser / publier / semer
ruia	émission (radio etc.)
ruku(-hia)	plonger
rūnanga	conférence / consultation / séminaire / conseil tribal
rūnanga whakawā	tribunal
runga	sommet / au-dessus / Sud
Runga Rawa	le Tout-Puissant
rūpeke	être tous rassemblés
rupunga	rechercher (objet perdu)
rupunga whakaaro	philosophie
ruru	hibou
rūrū	serrer la main
rūwhenua	tremblement de terre

T

tā	*possessif*
tā(-ngia)	imprimer / peindre
tae	couleur / teindre / pigment
tae(-a)	arriver
tae mai	arriver
tae noa ki	y compris
taea	être capable (*passif de* tae)
taea te kai	comestible
taea	pneu (de l'anglais *tyre*)
taenga	arrivée
taewa	pomme de terre
taewa parai	frites
taha	côté / à côté / périphérie / ailes / détour
taha matau	côté droit
taha moana	rivage de la mer
taha rori	accotement
tahā	calebasse
tāhae	vol (délit) / voler
tāhae(-tia)	soustraire / voler / traire
tāhaetanga	hold-up
tahaki	vers le rivage

tahanga	nu / vide
tahangatanga	nudité
tahe	règles (femmes) / avortement
tahi	ensemble / à côté de
tāhei	rayure
tāhiko	électronique
tāhinga	pente
tahitahi	balayer
tahito	vieux
tāhoe	nager
tāhoru	sable
tahu(-na)	brûler / cuire / mari
tāhū	direction administrative
tahua	retrait (bancaire…)
tāhuhu kōrero	histoire (d'un peuple…)
tahumaero	maladie
tahumaero hei	rhume des foins
tāhuna	banc de sable / dune / zone sèche
tahuri	chavirer / retourner
tai	marée / vague / côte / (*jadis* : mer)
tai hauāuru	côte occidentale
tai rāwhiti	côte orientale
tai timu	marée basse
tāia	dans un instant
taiaha	long baton, attribut des orateurs (1,50m)
taiao	environnement / district
taiāwhio	entourer / encercler
taiepa	haie / clotûre
taihau	côte
taikiha	merci
tāiko	pétrel
tāima	heure (de l'anglais *time*)
taimaha	sérieux / grave (maladie) / lourd / poids
taina	frère cadet d'un homme
tāinahi / tāinanahi	hier
tainoka	balai
taiohi	jeunesse
taiparatanga	bombardement
tairanga	niveau
taitai	brosse / brosser

Tāite	jeudi (de l'anglais *Thursday*)
Taitokerau	Northland
taitu	lent
taiwhiwhi	jasmin
taka(-ina)	tomber
takahē	espèce de poule d'eau
takahi(-a)	piétiner / insultes / mépriser
takahikare	pétrel
takahuri	rouler / tourner / visser
takakau	célibataire
tākakī	cou / gorge
takapane	grand requin
tākapu	fou (oiseau)
takāpui	homosexuel
takarepo	genre de bigorneau
tākaro	jouer / sports
tākaro whutupōro	rugby
takatāpui	compagnons proches / homosexuels
takawaenga	intermédiaire / liaison / relations publiques
takawai	humide / humidité
takawiri	tire-bouchon
take	cause / sujet
takē	absent
tāke	taxe (de l'anglais *tax*)
takeketonga	espadon
tākihi	rein
takihī	taxi
takirua	deux fois
takitahi	une fois / seul
takiwā	zone / district / temps / espace
takoto	être couché / allongé / dessin / agencement
takoto(-ria)	coucher qqch
taku	mon / ma (*possessif singulier*)
takurua	hiver
tākuta	docteur (de l'anglais *doctor*)
tākuta niho	dentiste
takutai	rivage de la mer
tama	fils / garçon
tama āpiti	petit ami
tamāhine	fille

tamaiti	enfant
tamaiti pani	orphelin
Tāmaki makau rau	Auckland
tamariki	jeune / enfants
tāmaru	nuageux
Tamati	Thomas
tāmure	genre de daurade / danse tahitienne
tāna	son / sa (*possessif singulier*)
tāne	mari / mâle
tānekaha	espèce d'arbre
tānga	édition / impression / rangée de personnes
tāngahangaha	poisson perroquet
Tangaroa	dieu de la mer ; neptune
tangata	être humain (pluriel tāngata)
tangata hara	criminel
tangata hau	célébrité (personne)
tangata hī ika	pêcheur
tangata whakahōrite	démocrate
tangata whenua	concitoyen
tangi	cri / pleurs / bruit / sonnerie
tangi a te reo	prononciation / dialecte
tangi(-hia)	pleurer
tangihanga	funérailles
tango	louer (location)
tango(-hia)	prendre / enlever
tango whakaahua	photographier
tangohanga	circonstance
tāngōngō	mûr
tāniko	tissage / dessin tissé
taniwha	esprit des eaux / monstre
tanu-mia	enterrer
tanumanga	enterrement
tao	lance, javelot / sec, desséché
taokete	beau-frère (d'un homme) / belle-sœur (d'une femme)
tāone	ville (de l'anglais *town*)
taonga	trésor / objets / meubles
taonga tuku iho	héritage
taonga whakanui reo	microphone
tāora	serviette (de l'anglais *towel*)

tapa	angle
tapa rima	pentagone
tapahi(-a)	couper / tailler
tapahinga makewe	coupe de cheveux
tāpaki	sorte de kilt maori
taparahi	forme de haka sans armes
tapi(-a)	réparer
tāpiri(-tia)	ajouter / auxiliaire / augmentation / filiale
tapitapi(-tia)	réparer
tāpoi	tourisme
tāporetanga	conciliation
tapu	sacré / interdit
taputapu	instrument
tāpuia	réservation
tapuwae	trace de pas / empreinte
tara	pic / pointe / épine / dent (scie) / nageoire / mât (navire) / mouette / héroïsme / sterne (oiseau) / scandale / pyramide
tāra	dollar (de l'anglais *dollar*) / voler (délit)
taraiki	grève (de l'anglais *strike*)
taraiwa	conduire / chauffeur (de l'anglais *driver*)
taraka	camion (de l'anglais *truck*)
tarakihi	cigale de mer
taranga	séparation
tāranga	sorte d'arbuste
tarapī	fin (fil…)
tarapunga	sorte de mouette
taratahi	intermittent
taratahi(-a)	isoler
tarawaha	intervalle
tarawai	jus
tarawai o te ārani	jus d'orange
tarawera	crevette
tari	bureau administratif / direction
tāria	attendre / bientôt
tāriana	animal mâle / étalon
taringa	oreille
taro	plante comestible / pain
taro ake	peu après / dans un instant
tarore	sole

taru	mauvaise herbe
tāruke	massacre / mort
tāruru	appâter / tenter
tāruru taua	armée de mer / flotte
tārūrū	aigu (maladie)
tata	être près / proche / approximativement
tata atu	un peu après
tātahi	côte / rivage / plage
tātai	calculer
tātairanga	calcul (maths)
tātaki	*voir* reo tātaki
tātaki-na	conduire
tātarakihi	cigale
tatari-tia	attendre / flâner / moratoire
tātari	tamis / filtre
tātari(-tia)	analyser / réviser / filtrer
tātari kaute	audit / expertise
tātari moni	budget
tātaritanga	analyse (finance…)
tatau	porte / calcul / mathématiques / compte / taux / épeler
tātau	nous (inclusif)
tatauranga	calcul (maths)
tātou	nous (inclusif) / vous et moi
tatū	confirmé / décidé / rendu permanent
tātua	ceinture maorie
tau	1 année / saison / âge / nombre / limite 2 aboyer / récitation chantée 3 être ancré / mouiller
tau ihu	proue
Tau Hōu	Nouvel An
tau tangata	nation
taua	1 armée 2 déjà mentionné (ce…là)
tāua	nous (duel, inclusif)
tauhakenga	décadence
tauira	exemple / modèle / étudiant / apprenti
hai tauira	par exemple
tauiwi	étranger
taumaha	sérieux / grave (maladie) / lourd / poids

taumata	degré
ki tea taumata	à quel point
taumautanga	fiançailles
taunaki	prendre part à
taunakitanga	témoignage
tauomaoma	course (sport)
tauoranga	vie
taupaki	sorte de kilt maori
tauparapara	légende
Taupo	lac (dans l'île du Nord)
taupoki	ouragan
taupoki(-na)	couvrir / couvercle
taura	corde / câble
taura whiri	commission
tauraki	sec
huarākau tauraki	fruit sec
tauranga	1 mouillage (bateau)
	2 annulaire (de la main droite)
taurapa	proue
taurekareka	esclave
taurima	hospitalité / adopter / prendre soin de
taurite	accord / semblable
taurumirumi	massage maori
tautara	canne à pêche / pic / montagne
tautau	1 boucle d'oreilles
	2 aboyer
tautiaki	garde
tautohe	conflit / plaider
tautohe(-ngia)	argument / discuter
tautoko(-na)	soutenir
tauwera	serviette (de l'anglais *towel*)
tāwāhi	outre-mer (*voir* rāwāhi)
tawai / tawhai	hêtre
tāwai	pot-de-vin
tāwakawaka	rayure
tawaki	pingouin / manchot
tawāpou	espèce d'arbre de l'île du Nord
tawatawa	maquereau
tawhē	marge (d'un texte)
tawhera	feuille

tāwhero	grand arbre de Nouvelle-Zélande
tawhio	tourner autour
waka tawhio	satellite
tawhiti	distance / loin
tāwhiti	piège / collet
tawhito	vieux / expert
te	*article défini singulier*
te ahi	petit doigt (de la main droite)
Te Ika a Māui	île du Nord (« le poisson de Maui »)
tea	blanc
tēhea ?	quel ?
teihana penehīni	poste à essence
teina	cadet de même sexe (frère ou sœur)
teitei	grand / haut
teka	faux / mensonge / dard / pédale
tekau	dix (10)
teke	pannier / sexe de la femme
Teketetonga	Baie des Iles
temepara	temple (de l'anglais *temple*)
tēnā	ce…là (près de l'interlocuteur)
tēnā koutou	salut / merci (à deux personnes)
tēnei	celui-ci
tēnei rā	aujourd'hui
tēneti	tente (de l'anglais *tent*)
tepetepe	méduse
tēpu	table (de l'anglais *table*)
tērā	celui-là (au loin) / suivant / prochain
tērā atu	autre
tērā marama	le mois dernier
tērā tau	l'an prochain
tērā wiki	la semaine prochaine
tere	1 vitesse / rapide (adjectif et adverbe)
	2 naviguer
terehu	espèce de grand dauphin (bottle nose)
tereina	train (de *train*)
terenga	bassin / rapidité
tereputanga	déportation
tētahi	un certain
tētahi atu	un autre
tētahi atu wāhi	ailleurs

Te tai rāwhiti	côte Est
tētē	figure de proue sculptée des pirogues
tētere	trompette
tētēweta	arbuste de l'île du Sud
tewetewe	maquereau
tēwhea ?	quel ?
tī	thé / espèce d'arbre (cabbage tree)
tī toki	espèce de frêne
tia	cerf
tia(-ina)	gouverner / conduire / barrer un bateau
tiaho	luire
tiaki	garde / conserver / chèque
tiaki pūngao	conservation de l'énergie
Tiamani	Allemagne
tiāti	juge (de l'anglais *judge*)
tīeke	espèce d'oiseau protégé
tīhaehae	larme
tihei !	vive ! (exclamation)
Tīhema	décembre (de l'anglais *december*)
tihi	sommet de montagne
tīhoihoi	désobéir
tīhore	enlever la peau
tika	vrai / droit (*adjectif*) / soin
tikanga	tradition / coutume / code / mode / culture / formalité / condition
tikanga akuaku	hygiène
tikanga huarahi	code de la route
tikanga pāngarau	mathématiques
tīkaokao	coq
tīkati	genre de barracuda
tīkera	chaudron / bouilloire
tiki(-na)	rassembler / chercher / aller chercher
tiki	figurine de jade portée autour du cou
tīkiti	ticket
tikitiki	coiffure traditionnelle
tiko	déjection / déféquer
tikotiko	diarrhée
tikouka	palmier au cœur comestible
tīmata / tīmatanga	début
tīmata(-tia)	commencer / faire démarrer (voiture)

timoti	medium (de la main droite)
timu	marée basse
timutimu	souche (arbre)
tina	déjeuner / dîner (de l'anglais *dinner*)
tinana	corps
tini	boîte de conserve (*tin*) / beaucoup
tīni	changer (vêtement…)
tinihanga	tricher / fraude / tromperie
tino	très (avant l'adjectif) / le plus / tel
tino pai	améliorer
tīoka	craie (de l'anglais *chalk*)
tio	glacé / huître
tioro	haut (voix) / aigu
tiotio	caqueter
tipa	coquille Saint Jacques
tīpare	bandeau traditionnel tissé
tipi haere	se promener / errer
tipitipi	houe, binette
Tipoko	dieu de la colère et de la mort
tipu	grandir / croître (voir *tupu*)
tipuna	ancêtre
tipunga	croissance (enfant, plante etc.)
tipuranga	croissance (économie)
tira	nageoire / aileron de requin / patrouille
tīra	acier (de l'anglais *steel*)
tīraha	à plat (position)
tiriti	traité (de l'anglais *treaty*) / rue (de *street*)
tiro-hia	regarder / inspecter / montrer
tirohanga	examen (par ex. : médical)
tirorangi	météorologie
tirou	bâton pointu / fourchette
tītaha	à côté / obliquement
titaritari	distribuer / disperser
titi	percer / piquer
tītī	puffin (oiseau) / téton
titiro	regarder / examiner
tito	composer (chanson)
tītoki	espèce de frêne
tīwai	yacht / petite pirogue de pêche
tiwhikete	certificat (de l'anglais *certificate*)

tō	ton / ta (*possessif singulier*)
tō(-ia)	remorquer (de l'anglais *tow*)
toa	mâle / brave / guerrier
toamia	aplanir / supprimer
toe	durer
toene	jaune d'œuf
toenga	rester / solde (compte) / dernier
tohatoha	distribuer / disperser
tōhau	ton / votre
tohe(-a)	discuter / être têtu
toheroa	mollusque / crustacé
tōhita	roue
tohorā	baleine franche
tohu	marque / insigne / signal / conserver
tohu(-ngia)	révéler / identifier / représenter
tohu ā tuhi	ponctuation
tohu hono	tiret
tohu oro	voyelle
tohu pātai	point d'interrogation
tohunga	prêtre / expert / artisan qualifié / artiste
tohutō	*marque d'allongement d'une voyelle (ā ī ō ū ī)*
tohutohu	instructions / indication / enseignement / conseiller (verbe)
toi	art / technique
toi	origine / racine / aborigène
toi potapotae	écologie
tōingo	homosexuel
toipoto	près
toiroa	loin
tōiti	petit doigt (de la main gauche)
toitū	premier / excellent / permanent
toka	pouce (de la main droite)
tokakonganuku	minerai
tokanga	grand panier (pour la nourriture)
tokanga matao	glacière / réfrigérateur
tokarārangi	récif
tōkeke	équitable
tōkena	bas (femme) / chaussette
toki	hache / herminette

toko	perche, échalas / pieu / rayon de soleil
toko i te ora	sécurité sociale (*promotion de la vie*)
toko	*préfixe portant l'idée d'un groupe*
tokohia	combien ? (*pour des personnes*)
tokotoru	trois / trio
Tokotoru Tapu	Sainte Trinité
tokomaha	population / foule / majorité
tokonga	promotion
tokopā	indigestion
tokorangi	grue (engin)
tokorua	deux / couple / paire / duo
tokotoko	équipe / personnel (d'une entreprise)
tokotū	mât (navire)
tokowhā	quartet
tōku	mon / ma (à un supérieur)
tōmairangi	rosée / brouillard
tōmato	tomate
tomo-kia	entrer
tōmuri	tard / retarder
tona	durillon / verrue
tōna	1 *possessif* : son / sa 2 *devant un nombre* : à peu près
tōnapi	navet
tonga	Sud
tono(-a)	commander / ordonner / dernières volontés concernant le lieu d'inhumation
tonu	réel / normal / très / toujours / continuer / *particule verbale exprimant la continuité ou l'intensité*
tōpana	force
tope(-a)	abattre
tōpū	double / association
tōpūtanga	totalité / masse (populaire)
tōrangapū	politique
tore	sexe féminin / exciter
tōrea	échassier noir et blanc (huitrier)
toretore	moule bleue / anémone de mer
toro	s'étendre / étendre (main) / se propager / atteindre / rendre visite
toro(-na)	visiter / explorer

toroa	1 sorte d'albatros
	2 tiroir (de l'anglais *drawer*)
toromi	noyade
torotoro waea	télécommunications
toru	trois (3)
tōtā	sueur
tōtahi	environ / presque
tōtara	grand pin rouge (bois pour les pirogues)
toto	sang / saigner
totohe	exiger / persister / discuter
totohu	couler (navire)
totoro	s'étendre (*voir* toro)
totoro mai	prendre contact
tōtorowene	jasmin
tōtoru	triple
tou	fesses
tōu	ton / votre
tōwai	grand arbre de Nouvelle-Zélande
tū	se lever / blesser / ceinture / arrêt
tua(-ina)	couper (arbre..) / abattre
tuahine	sœur (d'un garçon)
tuahiwi / tuaiwi	colonne vertébrale / squelette
tuakana	aîné de même sexe (frère ou sœur)
tuakirikiri	gravier
tuangi haruru	genre de palourde
tuanui	toît / plafond
tūāporoporo	fragmentaire / hétéroclite
tuarā	épine dorsale / allié
tuarua	deuxième / secondaire
tuatahi	premier
tuatara	lézard archaïque
tuatete	hérisson
tuatete nui	porc-épic
tuatini	espèces de requins
tuatua	espèce de palourde triangulaire (*voir* pipi)
tūāua	averse (pluie)
tūhawaiki	lèpre
tuhi	dessiner / écrire
tuhituhinga	classification
tūhua	variété d'obsidienne

tūī	oiseau chanteur bleu-noir
tukemata	sourcil
tūkino	maltraiter / médire / injustice
tukituki	casser / endommager / intimider
tuku	cession / abandon / exportation / décentralisation
tuku(-a)	laisser aller / relâcher / permettre / mouiller l'ancre / exporter
tuku iho	léguer / transmettre / héréditaire
taonga tuku iho	héritage
tuku rawa	exporter
tukuheke	déclin / diminution / pente
tukukiwi	espèce d'orchidée
tukunga	cession / abandon / démission / tolérance / dissolution
tukunga iho	conséquence / résultat
tukurua-tia	répéter
tukutahi	simultané
tukutuku	panneaux décorés tissés / ouvrage tressé / toile (araignée)
tūmanako	espoir / but / objectif
tumatakura	chaussures
tūmata(-tia)	incinérer
tūmatanui	civil
tūmau	serviteur / cuisinier
tumere	massue de bois / cheminée
tumu	fondation / directeur / souche (arbre)
tumuaki	directeur
tuna	anguille d'eau douce
tūnga	arrêt (bus etc.) / fonctions / charge
tungāne	frère (d'une sœur)
tunu	cuire / rôtir
tuohu	se pencher / se courber / incliner
tupa	coquille Saint-Jacques
tūpāpaku	cadavre
tūpari	précipice
tūpato	alerter / faire attention / soin au travail
tupeka	tabac (de l'anglais *tobacco*)
tuporo	tronc d'arbre
tūpou	plonger

tupu	authentique / propre / bien établi / statut social
tupu(-ria)	développer / accroître
tupua	fantastique / magicien
tūpuhi	tempête / cyclone / mince / famine
tupuna	ancêtre
turakanga	rite de naissance
turaki(-na)	détruire
turakitanga	démolition
turanga	position / identité / station)
ture	loi / justice (de l'hébreu *torah* ?)
ture āpiti kupu	syntaxe
Tūrei	mardi (de l'anglais *Tuesday*)
tūrepo	espèce d'arbre (milk-tree)
turi	genou / poteau de clotûre / sourd / têtu
turituri	bruyant / taisez-vous !
tūroro	invalide / patient / malade
waka tūroro	ambulance
tūru	chaise
tūtae	excrément / fumier
tūtaki	rencontrer / rendez-vous
tūtakitanga	rendez-vous
tūtara	diffamer / dénigrer
tūtata	près / proche
tūtohu (mate tūtohu)	allergie
tūtohutanga	indication
tutu	arbuste aux baies vénéneuses
tutū	voyou / hooligan / incendie volontaire
tūtū	s'élever / monter / s'élever
tūtū te tai	marée haute
tūtūa	gens ordinaires
tūtūka	accident (voiture…)
tutuki	obtenir / atteindre / réaliser
tūtuki	heurter / atteindre
tūtukitanga	collision
tutukitanga	accomplissement / succès
tūtukitanga	collision
tutukiwi	orchidée
tutūtanga	hooliganisme
tūturi	s'agenouiller

tūtūriwhatu	pluvier
tūturu	permanent / entièrement
tūturu pono	solennel
tuturuatu	pluvier
tūturutanga	permanence
tuwhera	être ouvert

U

ū	poitrine
ū(-ngia)	arriver à terre / débarquer
ua	1 pluie
	2 muscle
ua rua	biceps
ua(-ina)	pleuvoir
ūanga	lieu d'arrivée / lieu d'accostage
uaua	1 difficile
	2 *voir* iaia
uauatanga	difficulté
Uawa	baie de Tolega
uhi	pointe pour tatouer / igname (*voir* uwhi)
ui(-a)	demander
uira	éclair / flash
uiui	consulter / interview
uku	sorte de raie (poisson)
ukui	argile
ūkui	serpillière / torchon / gomme
ūkui(-a)	effacer
ukunga	poterie
uma	poitrine / gorge / cœur
umanga	entreprise / occupation / métier / carrière
umere	cri / acclamation
umu	four local / four
umu ngarungaru	four à micro-ondes
unahi	écailles (poisson) / enlever les écailles
unaunahi	dessin stylisé d'écailles de poisson
ūnga	destination
ūngututanga	convergence / strabisme
unu	boire (*voir* inu)
wai unu	eau potable

unu(-hia)	retirer (plainte)
unu niho	extraire une dent
ūpoko	chapitre / tête
ūpoko mārō	têtu
upokohue	petit dauphin d'estuaire
upokorua	fourmi de Nouvelle-Zélande
ure	pénis
uri	race (ma-uri, enfants du ciel) / descendance
uri tangata	humanité
uriuri	sombre
Uropi	Europe
uru(-a)	envahir / participer
uruhanga	explosion / détonation
uruhau	heureux
urunga	coussin / oreiller
urupā	cimetière
ururoa	espèce de requin
urutira	nageoire dorsale (fin)
uta	terre (par opposition à mer)
uta-ina	charger (un bateau…)
utu	coût / prix / salaire / réponse / vengeance
utu nui	cher (prix)
utu ngāwari	marchander
utu(-a)	payer / coûter / rembourser
utu whakapati	corruption
utunga	dépense / indemnité / cotisation
utunga rawa	inflation
uwha	femelle (animaux)
uwhikaho	igname

W

wā	temps / intervalle
wā haurua	mi-temps
wā tau	saison
wae	jambe / pied
waea	téléphone (anglais *wire*) / téléphoner
waea atu	appeler au téléphone
waea iti	numéro de téléphone
waea whakaahua	fax
waenganui	milieu / entre
waenganui pō	minuit
waero	queue
waeroa	mouche de sable
waewae	jambe / pied
waha	bouche / entrée / voix
waha(-ngia)	porter sur le dos
wahaika	massue courte asymétrique
wāhanga	division / secteur / chapitre / charge / fardeau / proposition / jambe / unité
wahangū	silencieux / muet
wahapūtanga	éloquence
waharoa	portail sculpté d'un village
wāhi	1 lieu / endroit / position
	2 peu (devant un nom)
wahia	bois de feu
wahine	femme (pluriel wāhine) / femelle
waho	extérieur / grand large (mer)
waho o te ture	illégal
kai waho	sans compter.. / à l'exception de
ki waho	dehors (avec mouvement)
wai	eau
wai harakeke	eau de lin (laxatif)
wai māori	eau fraîche
wai tawaka	canal
wai ?	qui ? de qui
waiariki	source
waiata	chant / chanter
waiata-tia	chanter
waihanga	architecte / bâtisseur
waiho	supprimer / abandonner / laisser

waihoki	également
waihotia	laisser / quitter
Waikato	rivière et district (dans l'île du Nord)
waikawa	acide (nom)
waikura	rouille
waikuratia	rouiller
waimarie	chance (favorable)
wāina	vin (de l'anglais *wine*)
waioha	salutation
waiparahoaka	glacier (montagne)
waipiro / waipirau	bière / eau-de-vie (« eau pourrie »)
waiporoporo	pourpre / mauve
Waipounamu (te)	île du Sud
waipuke	crue, inondation
wairākau	humus / compost
wairangi	fou
wairua	esprit / âme / ombre
Waitangi	traité de 1840 cédant la Nouvelle Zélande à la Grande-Bretagne
waitara	abstrait
Waitematā	port d'Auckland
waitohu	distinguer / faire la différence
waitohu-tia	pronostiquer / prédire
waiū	lait (*eau de poitrine*)
waka	bateau / barque / voiture
waka hiki	grue (engin)
waka huia	boite à plumes en forme de bateau
waka kawe	ascenseur
waka ruku	sous-marin (navire)
waka tere	ferry-boat
wakarererangi	avion
wakē	marcher (de l'anglais *walk*)
wānanga	séminaire / académique
waonga	défense
ware	personne du commun
warehenga	genre de carangue (*voir* haku)
warehou	poisson argenté
wareware	oublier
waro	charbon
warou	hirondelle

waru	huit (8) / gratter
wāta kirīhi	cresson
wātaka	horaire
wātea	vide / libre
wāteatanga	liberté
wāteatea	souplesse
wawata	envie / rêve / désirer / perforé
wawe	bientôt / plus tôt / avant
wehe	division
wehenga	séparation / carrefour
wehenga tūturu	divorce
wehi	peur / effrayé
weka	oiseau aux plumes décoratives
Wenerei	mercredi (de l'anglais *Wednesday*)
wera	chaud
wēra	baleine (de l'anglais *whale*)
Wēra	Pays de Galles (de l'anglais *Wales*)
weriweri	horrible
wero	défi (rite d'accueil) / piqûre / percer
wētā	gros insecte orthoptère
wete(-kia)	délier
wetereo	grammaire
wēteriana	méthodiste (de l'anglais *Wesleyan*)
weto	éteindre
wetoweto	extincteur
weu	fibre / particule grammaticale
weu karaihe	fibre de verre
weu whēkau	appendice
wīki	semaine (de l'anglais *week*)
wikitoria	victoire (de l'anglais *victory*)
wini	gagner (de l'anglais *win*)
wīra	roue (de l'anglais *wheel*)
Wirihana	Wilson
Witerana	Suisse (de *Switzerland*)
wīwī	jonc
Wīwī	Français (de l'expression *oui-oui*)
wōnati	noix (de l'anglais *walnut*)
wūru	laine (de l'anglais *wool*)

Wh (prononcé sensiblement comme **f**)

whā	quatre
whaea	mère / tante / madame
whaea tapu	mère (religieuse)
whai	1 suivre / imiter / posséder
	2 raie (poisson)
whai keo	espèce de raie (queue en fouet)
whai repo	espèce de raie (torpille)
whai tamariki	qui a des enfants
whāia	être suivi (*passif de* whai)
whaiāpo	sorte de chant pour un bien-aimé
whaikōrero	discours formel
whaimuri	suivre qqn.
whaingenge	*voir* : whai repo
whaipainga	bénéfice / utile
whaitiri	tonnerre
whaititiri	tonner
whaiwahi	opportunité / participer / consultation
whaka-	*particule formant le causatif / forme les réfléchis / préfixe marquant la direction*
whakamuri	vers l'arrière
whakawaho	vers l'extérieur
whakaaetanga	acceptation / accord / contrat
whakaahu	dessin / art
whakaahu(-a)	décrire / développer (film)
whakaahua(-tia)	filmer
whakaaro	idée / pensée / expression / considérer
whakaata	embellir / illustrer / miroir
whakaatu(-ria)	déclarer / modèle / représenter / montrer / spectacle / présent
whakaaturanga	description / exposition / données / notification / propagande / publicité
whakaaturanga harehare	pornographie
whakāe(-tia)	accepter
whakaeke	attaquer
whakaemi	rassembler
whakahaere(-tia)	organiser / diriger / contrôler
rōpū whakahaere	organisation
whakahaerenga	programme / cérémonie
whakahao	lion de mer

whakahau(-tia)	imposer
whakahauora(-tia)	renaître / ressusciter
whakahē(-ngia)	contredire / ne pas être d'accord
whakahei(-tia)	faire son devoir
whakahiato	coordonner / développement
whakahoa	s'associer
whakahoanga	amitié
whakahoki(-a)	revenir / rendre / rembourser / récompenser / extrader
whakahororo(-tia)	accélérer
whakairo(-tia)	art / sculpture
whakakaha	s'efforcer
whakakāhore(-tia)	annuler / interdire / négatif
whakakai	boucle d'oreille
whakakakahu	s'habiller
whakakapi	changer / remplacer / remplaçant
whakakore(-tia)	interdire
whakakori	déplacer / agiter
whakamā	honte
whakamahi(-a)	employer
whakamana(-hia)	autoriser / donner pouvoir / encourager
whakamāori	traduire en maori
whakamārama	détail
whakamāramatanga	définition
whakamarangai	vers l'Est
whakamārōrō	étendre
whakamarumaru	défense / protéger / mettre à l'ombre
whakamataku	horrible
whakamātau	expérimenter
whakamātautau	essayer / inspecter / évaluer / examen / test
whakamau	fixer / attacher
whakamaunga	intention / fixation / lien
whakamorimori	essayer d'améliorer / se suicider
whakamuri	ce qui est passé / temps anciens
whakamutu	cesser / s'arrêter de faire qqch.
whakamutunga	final / nuit précédant un enterrement
whakanao	forger / produire
whakanā	se reposer / récupérer
whakangau	chasser / aller à la chasse
whakangawhere	digérer

whakangawheretanga	digestion
whakanoa	libérer d'un tabou
whakanohonga	mettre en place / donner en mariage
whakanuia	agrandir / dilater / magnifier / célébrer
whakanuku	transporter
whakaoho	effrayer / alarmer
whakaoho ake	motiver
whakaora	salut / santé / traitement médical
whakapā	prendre contact / blocus
whakapae(-a)	accoster / accuser / blamer
whakapāhi(-tia)	être déprimé / déprimer
whakapai	bénir / applaudissement
whakapainga	réparation
whakapaipai	décoration / embellir / maquillage
whakapairuaki	nausée
whakapākehā	angliciser
whakapākehātanga	traduire en anglais
whakapakepake	convaincre
whakapakiri	faire mûrir / renforcer / développer
whakapakoko	momie
whakapānga	investiture
whakapaohotanga	davantage / émission (radio)
whakapapa	généalogie / hérédité
whakapatū	détonateur
whakapatū(tia)	faire exploser
whakapau(-a)	épuiser (forces, temps…)
whakapekapeka	refuser
whakapono(-hia)	croire
whakapono kore	incroyant
whakapuaki(-na)	annoncer / déclarer
whakapuare(-tia)	ouvrir (yeux…)
whakapumautia	fixer / établir / assurer
whakaranea	élaborer / embellir
whakaranu	sauce
whakarata	dompter
whakaratonga	distribution
whakarau	multiplier / fois / emprisonner
whakarautanga	multiplication / degré
whakarauwhare	couvrir un toît de chaume
whakarerenga	omission

whakarerekē	réussir
whakāria	révéler / programme / exposer
whakarikiriki	taciturne / air renfrogné
whakarongona	entendre / écouter
whakarite(-a)	comparer / décider / ajuster / peser
whakāro(-tia)	penser / pensée
whakarongo	écouter / entendre
whakarōpū(-tia)	classifier
whakarōpūtanga	association
whakarua	vent du Nord-Est
whakaruku	se baigner / plonger
whakaruru(-hia)	s'abriter
whakataetae(-ngia)	être en compétition
whakataetae (orimipia)	Jeux (olympiques)
whakatakariri	colère / fureur
whakataki(-na)	rencontrer / préface
whakatangitangi	musique
whakatangitangi(-hia)	jouer d'un instrument
whakatapu(-a)	sanctifier / interdire
whakatata(-ngia)	s'approcher
whakatatoko(-ria)	placer
whakatau(-a)	juger / décider
whakataukī	proverbe
whakataunga	décision / arbitrage / diagnostic / verdict
whakautu-a	répondre
whakatikatika	préparer
whakatika(-hia)	corriger / correction / renforcer
whakatinana	personnifier / incarner / mettre en place
whakatinanatanga	incarnation / manifestattion
whakāta	démontrer / image / mirroir / programme
whakatinana	incarnation
whakatinana(-tia)	s'incarner / personnifier
whakatipi	vagabond
whakatipu	nourrissant
whakatōpūtanga	concentration / rassemblement
whakatōrea	faire face / défier
whakatū(-ria)	établir / mettre en place / nommer à un poste / frein
whakatūpato(-ria)	précaution / alerte / avertir / notifier
whakatupu(-ria)	grandir / nourrir / adulte / éduquer

whakatutuki	accomplir / réaliser
whakatūtūranga	manifestation (foule)
whakatūturu(-tia)	confirmer / assurer / affirmer
whakatūturutanga	ratification / vérification / confirmation
whakautu(-a)	réponse / répondre (à qqn.)
whakauru	insérer / mettre sur une liste / s'associer
whakaute	respect
whakawā(-tia)	accuser / condamner
whakawai(-a)	tenter / séduire
whakawairangi	intoxiquer
whakawākanga	jugement
whakaware	retarder
whakawhiti	remplacer / changer
whakawhitinga	croisement / carrefour
whāki(-na)	reconnaître (faute…)
whākorekore	nier
whana	arc / coup de pied / rebellion
whanake	développer
whanaketanga	développement / adolescence
whānako	vol / voleur
whānau	né / naissance / famille élargie
whānaungatanga	relations familiales / corrélation
whānautanga	naissance / accouchement
whanga	baie, golfe / port (aka dans le sud)
whāngai(-a)	nourrir (nourrisson)
whanonga	comportement / décence
whangaono	dés
whānui	général (adjectif)
whao	bois léger dont on fait des flotteurs
whara	blessé / handicapé
whārangi	feuille (arbre) / page (livre)
whārangi kōwhai	pages jaunes
whare	maison
whare herehere	prison
whare horoi kākahu	blanchisserie
whare inoi	église (maison de prière)
whare kai	restaurant / cantine
whare karakia	église (maison de culte)
whare kararehe	zoo
whare kaukau	salle de bains

whare kawereo	cabine téléphonique
whare kura	école
whare mātauranga	librairie / bibliothèque
whare nui	maison commune / lieu de réunion
Whare o Runga	Sénat
whare paku	toilettes
whare pikitia	cinéma
whare rawakore	bidonville
whare taonga	musée (maison des trésors)
whare tukutuku	toile d'araignée
whare tunu parāoa	boulangerie
whare umanga	usine
whare umu	lieu du marae pour la cuisine
whare utu	banque (maison du salaire)
whare wānanga	université
whare whakāhua	galerie d'art
whare whakairo	salle de réunion sculptée
whariki	matelas / tapis
wharo	toux
whārua	vallée / ravin
whati	fracture
whati(-a)	casser / plier
whatīanga	coude
whatitoka	porte
whatu	œil / noyau d'un fruit
whatu(-ria)	tisser
whatukura	homme noble
whatunga	réseau
whatungarongaro	disparaître
whauwhau	arbre du Sud à grandes fleurs blanches
whāwhai	combattre / se battre
whea ?	où ?
whēkau	viscère / intestin / système digestif
wheke	pieuvre
wheketere	usine (de l'anglais *factory*)
whekī	espèce de fougère arborescente
whenua	terre / pays
whenua kōaha	pays sous-développé
whenua tipu	terre natale / Polynésie
wheo	corail

whero	rouge (couleur des chefs) / fesses
whētero	tirer la langue (défi ou salut)
whetū	étoile
whetū ao	planète
whetū mārama	étoile
whetū rere	comète
wheua	os / parents et ancêtres (par extension)
wheua ngohe	cartilage
whēwhē	bouillir
whewhero	rougeâtre
whia ?	combien ?
whika	chiffre / nombre
whio	canard néo-zélandais bleu
whiore	queue (d'un animal)
whiri	plier / croiser
whiri kē	préférer
whiringa	choix / options / chaleur
Whiringa-ā-nuku	octobre
Whiringa-ā-rangi	novembre
whiriwhiri-a	choisi, sélectionné
whiti	changer / apparaître
whiti āhua	film
Whītī	Fidji
whitu	sept (7)
whiu	satisfait / rassasié / saturé
whiu(-a)	punir
whiu awe	badmington
whiuwhiu-a	jongler / mettre K.O.
whoroa	plancher

Bibliographie

Pour la langue

Teach yourself maori, Harawira, 1998

A dictionnary of the maori language, Williams Herbert, 1988

A Maori Reference Grammar, Ray Harlow, Pearson Education New Zealand, 2004

Let's learn maori, Biggs Bruce, 1969

The Complete English-Maori Dictionary, Biggs Bruce, Auckland University Press / Oxford University Press, 1981.

Complete manual of maori language, Ngata

Dictionnaire néo-zélandais-français, Ewen Jones et Myreille Pawliez, l'Harmattan, 1998

Reed reference grammar of Maori, Winifred Bauer, éditions Reed, 1997

Reed dictionary of modern Maori (40.000 entrées), P. M. Ryan, éditions Reed, 2001

Pour l'histoire et la culture

The New Zealand Wars and the Victorian Interpretation of Racial Conflict, Belich James, 1986, Auckland University Press.

Maaori and Paakehaa Perspectives of the Treaty of Waitangi, Kawharu I. H. Awharu, I. H., 1989, Auckland : Oxford University Press.

Te Wai Pounamu - The Greenstone Island : A History of the Southern Maori during the European Colonization of New Zealand, Evison Harry C., 1993, Wellington / Christchurch : Aoraki Press

Patrons of Maori Culture : Power, Theory and Ideology in the Maori Renaissance, Webster Steven, 1998, Dunedin : Otago University Press.

Justice and the Maaori : The Philosophy and Practice of Maaori Claims in New Zealand since the 1970s, Sharp Andrew, 1997, Auckland : Oxford University Press.

Table des matières

Introduction	**13**
Rapppel chronologique (encadré)	13
Un peu d'histoire	13
La famille des langues polynésiennes	15
Quelques informations concernant le maori	16
Histoire de la langue en Nouvelle-Zélande (encadré)	17
Première partie : description de la langue	**19**
Phonétique	19
Les particularités du maori	19
Le nom et l'article	21
L'adjectif	22
Le complément du nom	23
Les pronoms personnels	23
Les possessifs	24
Entre **o** et **a**, comment choisir? (encadré)	25
Les prépositions	26
Les démonstratifs	30
L'énoncé simple	30
Le verbe	31
Propositions négatives	33
Comment traduire les verbes *être* et *avoir* ?	34
Quelques particules à usage multiple (encadré)	35
Le passif	36
Les adverbes	37
Les interrogatifs	37
Les noms verbaux	38
Les nombres	39
Formation du vocabulaire	42
Mots maoris courants en anglais de Nouvelle Zélande	42
Les dialectes du maori	44
Deuxième partie : conversation courante	**45**
Salutations	45
Présentation	45
Adieux	46

Expressions et mots courants	46
La nourriture	47
Comment se diriger	47
La santé	48
Les achats	50
Les dates et les jours de la semaine	51
L'heure	53
Quelques proverbes et expressions	55
Analyse de quelques phrases	56
Troisième partie : la culture maorie	**57**
Les mythes sur l'origine des Maoris	57
L'arrivée légendaire des Maoris en Nouvelle-Zélande	57
Noms des tribus (encadré)	58
Les noms de lieux	60
Les prénoms	62
Organisation administrative	63
La vie politique	65
Les arts	66
Le tatouage (encadré)	66
Les chants traditionnels des Maoris	67
La chanson aujourd'hui (encadré)	68
L'hymne national	68
Religion	69
Situation religieuse de la Nouvelle-Zélande (encadré)	70
Deux prières chrétiennes	72
Les missionnaires français (encadré)	74
Funérailles	74
Lexique français maori	**77**
Lexique maori français	**105**
Bibliographie	**187**

L'HARMATTAN, ITALIA
Via Degli Artisti 15 ; 10124 Torino

L'HARMATTAN HONGRIE
Könyvesbolt ; Kossuth L. u. 14-16
1053 Budapest

L'HARMATTAN BURKINA FASO
Rue 15.167 Route du Pô Patte d'oie
12 BP 226
Ouagadougou 12
(00226) 50 37 54 36

ESPACE L'HARMATTAN KINSHASA
Faculté des Sciences Sociales,
Politiques et Administratives
BP243, KIN XI ; Université de Kinshasa

L'HARMATTAN GUINEE
Almamya Rue KA 028
En face du restaurant le cèdre
OKB agency BP 3470 Conakry
(00224) 60 20 85 08
harmattanguinee@yahoo.fr

L'HARMATTAN COTE D'IVOIRE
M. Etien N'dah Ahmon
Résidence Karl / cité des arts
Abidjan-Cocody 03 BP 1588 Abidjan 03
(00225) 05 77 87 31

L'HARMATTAN MAURITANIE
Espace El Kettab du livre francophone
N° 472 avenue Palais des Congrès
BP 316 Nouakchott
(00222) 63 25 980

L'HARMATTAN CAMEROUN
BP 11486
(00237) 458 67 00
(00237) 976 61 66
harmattancam@yahoo.fr

644624 - Mars 2016
Achevé d'imprimer par